STORY SCAPING
스토리 스케이핑

단순한 스토리텔링의 시대는 끝났다
STORY SCAPING
스토리 스케이핑

개스턴 레고부루 · 대런 매콜 지음 | 박재현(한국브랜드마케팅연구소 대표) 옮김

이상

스토리스케이핑

2015년 2월 2일 초판 1쇄 인쇄
2015년 2월 9일 초판 1쇄 발행

지은이	개스턴 레고부루 · 대런 매콜
옮긴이	박재현
펴낸이	이상규
펴낸곳	이상미디어
등록번호	209-06-98501
등록일자	2008.09.30
주소	서울시 성북구 하월곡동 196
대표전화	02-913-8888
팩스	02-913-7711
E-mail	leesangbooks@gmail.com
ISBN	978-89-94478-50-0 03320

Beyond Storytelling!
새로운 패러다임을 찾아라

브랜드는 소비자와의 관계 형성을 통해서 가치가 커져간다. 그래서 최근의 앞서가는 마케터들이 '브랜드 마케팅은 연애하는 것과 같은 메커니즘'이라고 이야기하기도 한다. 어쨌든 브랜드가 소비자와 관계를 이어가기 위해서는 공감하고 공유할 수 있는 '스토리'가 필요하다. 우리가 연애를 할 때 각자가 살아온 라이프 스토리를 통해 공감대 형성을 하는 것과 일맥상통한다.

하지만 브랜드의 연애 대상자인 소비자들은 날이 갈수록 똑똑해지는 것은 물론 까다로워지고 있다. 그래서 메이커 입장에서 만들어진 일방적인 브랜드 스토리를 던지면 가차 없이 '됐거든! 식상하네'라는 반응이 나온다. 이렇게 바쁜 세상에서 나와 연관성도, 그렇다고 감동도 없는 스토리에 한가로이 대꾸할 여유가 없다는 뜻이다. 따라서 기존의 일차원적인 스토리텔링 전략으로는 더 이상 브랜드 가치를 유지할 수 없게 되었다. 소비자와의 연애를 계속 이어가기 위해서 그 시대에 맞는 새로운 개념의 스토리 전략이 필요한 것은 당연한 이치다.

이 책은 과감하게 고전적인 스토리텔링 시대의 종말을 선언한다. 그리고 '비욘드(Beyond) 스토리텔링'이라는 새로운 패러다임을 제공한다. 당신의 브랜드가 소비자에게 계속 사랑받기를 원하는가? 그것은 브랜드의 생존과도 직결되는 문제이다. 그렇다면 지금부터 기존에 하던 모든 마케팅 전략 회의를 뒤로 미루고 날이 살아 있는 마케팅 신개념, 바로 '스토리스케이핑'에 집중하고 새로운 고민을 시작해야 한다. 그래야 살아남을 수 있다!

차례

PART 1

스토리텔링의 시대는
끝났다

●

스토리텔링을 넘어 스토리스케이핑으로!

아무리 위대한 이야기일지라도 모두 어딘가에서 시작된다. 이 이야기는
수년 동안 한구석에 묵혀 있다가 2012년 초에 본격적으로 날아올랐다.

세계 최대의 소비재 제품 회사인 한 고객이 런던에서 '디지털 시대의
스토리텔링'이라는 주제로 행사를 개최했다. 회사의 최고 마케팅 책임자
가 이 행사를 직접 챙겼고, 전 세계 유수 기업의 사장들과 마케팅 책임자
들이 행사에 참석했다. 최고 마케팅 책임자는 당시에 세계 최고의 영향
력을 행사하던 마케터라고 해도 무방할 정도의 실력자였다. 이 사람은
최근에 자기 회사의 해외 마케팅 비용 가운데 더 많은 비중을 디지털 부

문에 투자하겠다고 발표했다. 그의 팀은 마케팅 전략을 디지털로 전환하는 방법을 설명하려고 이번 행사를 개최했던 것이다.

사람들이 우리 같은 파트너에게 요구하는 것은 간단했다. 다음 주부터 할 수 있는 두세 가지 일을 알려달라는 것이다. 그들은 자신들이 실제로 바꿔나갈 수 있는 뭔가를 알려달라고 요구했다. 많은 것이 아니라 실행 가능한 것을 원했다. 이번 행사에 참석한 발표자들 가운데는 세계적인 디지털 에이전시 네 곳이 있었고, 그중 하나가 사피언트니트로^{SapientNi-}^{tro}였다. 디지털 하면 으레 떠오르는 트위터와 구글, 페이스북 같은 업체의 대표들도 당연히 이 행사에 참석했다. 뿐만 아니라 이들은 자신들의 홍보(PR) 대행업체들도 행사에 참석하도록 했다. 다른 어떤 분야보다도 홍보 업계가 디지털 세상에서 소비자와의 단절을 더욱 심각하게 받아들였기 때문이다.

홍보 업계는 또한 몇 가지 심각한 장애물에 직면해 있었다. 요즘은 언론보도만으로 충분한 홍보 효과를 거둘 수 없고, 이 세상의 많은 것들이 급격하게 소셜 네트워크로 흡수되고 있으며, 대다수의 홍보 대행업체들이 더 이상 효율적으로 운영되지 못하고 있다. 다른 업계가 디지털 마케팅 공간으로 뛰어들어 성공을 거두고 있는 반면 홍보 대행업체들은 과거에만 얽매여 있기 때문이다.

이러한 각 진영의 참가자들이 모여 있는 방을 떠올려보자. 홍보 대행업계에서는 분명 뭔가 흥미로운 일이 일어나고 있고, 디지털 소셜 미디어 공간에서는 구글과 페이스북, 트위터가 폭발적인 성장을 거두고 있다. 또한 디지털 에이전시 업계에서도 뭔가 획기적인 변화가 일어나고 있다. 우리 모두는 똑같은 아이디어를 손에 넣으려고 투쟁 중이다. 방 안의 모든 사람들은 브랜드 구축을 어떻게 발전시켜 나가야 하는지 배우고 싶어 했다. 각 진영의 대표자들은 모두 사피언트니트로라는 세계적인 조직이 어떻게 디지털이라는 새로운 공간을 가장 효과적으로 이용하고, 그 과정에서 일어날 수 있는 문제들을 어떻게 재빨리 해결하는지 들어보고 자신들의 의견을 피력하려고 런던의 이 행사장에 모인 것이다.

원래는 사피언트니트로 유럽 지부의 크리에이티브 디렉터 맬컴 포인턴^Malcolm Poynton이 회사 대표로 프레젠테이션을 할 예정이었다. 그런데 마지막 순간에 큰일이 생겼다. 맬컴은 내가 런던에 있다는 걸 알고 자기 대신 프레젠테이션을 맡아달라고 부탁했다. 나는 흔쾌히 수락하고는 이렇게 물었다. "프레젠테이션 원고는 어디 있나요?" 그러자 맬컴은 마치 시간이 멈추기라도 한 것처럼 멍한 눈빛으로 나를 쳐다보았다. 그 모습을 보니 우리가 소매를 걷어붙이고 프레젠테이션을 쌈박하게 준비해야 한다는 사실을 알아차렸다. 우리는 바로 작업에 착수했고 '스토리스케이핑^Storyscaping'이라는 개념을 도출해냈다. 스토리스케이핑은 단순히 글과 그림 중심의 스토리텔링으로 메세지를 전달하는 것이 아니라 사람들이 몰입할 수 있는 새로운 경험을 제공하고 브랜드와 소비자가 진정으로 소통하고 연결되는 세계를 창조한다.

우리는 존경하는 청중들을 대상으로 연설할 때 그들이 한때 알았던 모든 것들이 이제는 전부 틀린 것이라는 식으로 말하면 안 된다는 것을 잘 알고 있다. 첫째는 그 말이 상당히 불쾌하게 들리고, 둘째는 그 말 자체가 사실과 다르기 때문이다. 우리 업계는 새로운 것과 낡은 것의 갈등을 지나치게 부풀리는 경향이 있다. 우리가 알고 있었던 것들과 우리가 지금 알고 있는 것들이 있을 뿐이다. 우리는 청중들에게 전통 방식과 디지털 방식을 흑과 백으로 구분 짓는 경계선이 없다는 것을 인지하라고 말한다. '매드맨(Mad Men: 1960년대에 광고로 유명한 매디슨 가에서 활동하던 광고업자들을 일컫는 말−옮긴이)' 시대에 살고 있는 것처럼 광고업에 뿌리 깊이 박혀서 조금도 발전하지 못한다면 망하는 것은 시간문제다. '매드맨' 시대에서 벗어나 경계선을 넘어서고 한때 알았던 모든 것들을 잊어버린다면 이것 또한 위태로울 수 있다. 혹은 이 세상이 어제 시작되었고 내일 벌어질 일만 중요하다고 생각한다면 마찬가지로 희망이 없다.

마케팅의 역사에서 지금이 무조건적인 혁신이 필요한 시기는 아니라는 말을 들으니 마음이 놓이지 않는가? 수천 년의 스토리텔링 역사와 수백 년을 이어온 광고와 그 이면의 심리학을 모두 무시한다면 아주 큰 손실을 입게 될 것이다. 결국 그림과 글자 중심으로 만들어진 스토리텔링의 기술을 넘어 몰입할 수 있는 경험을 창조하는 기술로 발전시켜야 한다. 다시 말해서 사람들이 여러분의 브랜드로 뛰어들어 참여하고 여러분의 세계인 동시에 그들의 세계이기도 한 '공유된 스토리'의 일부가 되도록 만들어야 한다. 이것은 8색 크레용을 쓰다가 24색 크레용을 쓰는 것처럼 아주 간단한 일이다.

그래서 우리는 행사장에 모인 마케팅 전문가들을 대할 때 '당신들이 스토리의 힘과 브랜드 구축, 감성적 연결에서 소중하게 여기는 것들을 우리도 소중하게 여긴다'는 식의 접근법을 취했다. 그 과정을 소개하자 면 이렇다. 먼저, 스토리와 광고, 역사에 대해서 우리가 알고 있는 모든 것들을 해체했다. 그러고는 디지털 시대에 스토리텔링에 대해서 배운 새로운 것들을 추가했는데, 이것은 기존의 지식을 대체하는 것이 아니 었다. 이 두 가지 중요한 단계들에 대해 함께 논의하고 협력하고 나서야 비로소 시스템 사고$^{\text{Systems Thinking}}$를 가동하여 흩어진 점들을 이어 그림을 완성할 수 있었다. 마지막으로 신기술을 이용해 효과적인 스토리 시스 템$^{\text{Story System}}$을 구축했다. 이것이 바로 브랜드가 사람들 스토리의 일부가 되고, 사람들이 브랜드 스토리의 일부가 되는, 즉 몰입할 수 있는 경험을 창조하는 핵심 공식이다.

우리의 기조 프레젠테이션이 끝날 무렵, 청중과 깊이 소통할 때만 일 어나는 마법 같은 순간이 벌어졌다. 우리가 '스토리텔링에서 스토리스케 이핑으로 나아가야 합니다'라는 결론을 내리고 나자 행사장에 있던 모든 사람들이 처음으로 고개를 숙이고 펜을 놀리기 시작했다. 모두 브랜드와 소비자를 연결하는 새로운 방법을 집단적으로 깨닫는 꿈같은 상태에 잠 시 빠진 것이다. 사람들이 이미 머릿속에 그려보았지만 명확하게 말하거 나 만질 수 없었던 것에 우리는 이름을 붙여주고 형체를 그려주었다.

광고를 그만두고 새로운 세계를 창조하라

이 프레젠테이션 이야기가 어떻게 끝이 났는지 궁금한가? 다행히도 그 프레젠테이션은 아직 끝나지 않았다. 운명적인 그날 이후, 우리는 60회 칸 국제광고제를 비롯한 많은 기업 행사에서 임원과 마케팅 전문가들을 대상으로 그 개념을 설명해달라는 요청을 받았다. 그들(우리가 고객이라고 자랑스럽게 부르는 사람들)은 우리가 주창한 스토리스케이핑 개념과 철학을 채택했을 뿐만 아니라 자기들 것으로 만들었다. 한편으로는 그런 행동이 우습게 보였지만 또 다른 한편으로는 그 모습에 마음이 놓였다. 우리는 그들이 그 아이디어를 자기들 것으로 만들었다는 사실에 흥분을 감추지 못했다. 어떤 개념이 그런 식으로 날개를 달고 날아올랐다가 부메랑처럼 되돌아온다면 그 개념을 책으로 내야 할 때가 된 것이라고 생각했다.

책 이야기가 나왔으니 말인데, 최근 들어서 스토리텔링의 힘을 과찬하는 신간 경영 서적들이 과도하게 쏟아져 나온다는 사실을 여러분도 잘 알고 있을 것이다. 이런 책들은 대부분 아직 스토리텔링의 힘을 모르는 독자들에게 그들의 사업을 신규 고객들과 의미 있고 유익한 방식으로 연결해주는 마법의 기술이 스토리텔링이라는 사실을 믿으라고 한다. 또 최우수 경영 기업과 성공한 브랜드가 모두 훌륭한 스토리를 갖고 있음을 한치의 의혹도 남지 않게 증명해 보이려 한다. 이런 주장은 대체로 진실에 가깝지만 아무 스토리나 그런 성공을 거두는 것이 아니라는 사실을 간과한다. 단순하게 글과 그림이 아니라 그 이상을 갖춘 훌륭한 스토리가 필요하다. 사람들이 몰입할 수 있는 세계를 창조해야 하기 때문이다. 디지털 상태로 밀접하게 연결되는 오늘날의 고객과 공명하는 세계를 창조해야 한다. 끝없이 변화하는 환경에서 감성적 경험과 물리적 경험, 가상 경험을 차별화하고 초월할 만한 감지력과 적응력을 갖춘 세계를 창조해야한다.

이제 막 창업한 기업가든 세계 일류 팀의 일원이든, 혹은 대기업에서 커다란 의자에 앉아 있는 사람이든 이 책의 도움을 받는다면 '몰입 경험immersive experience'을 보다 더 잘 이해하고 더 선명하게 그려볼 수 있다. 게다가 이 책은 사용 가능한 기술들을 이용해서 강력한 스토리 시스템을 만드는 방법들을 알려주는 소중한 안내서가 되어 스토리텔링과 시스템 사고를 결합하는 방법을 보여줄 것이다.

스토리텔링	스토리스케이핑
메세지 전달 중심	고객 경험 창조
매스미디어에 의존	SNS를 비롯한 온세상이 미디어
선형적 스토리	비선형적 스토리 시스템
단순한 접촉	잊지못할 몰입

지금 이 순간 지속적으로 마케팅을 하지 못하고 회사가 사라질 위기에 처해서 좌절감을 느끼고 있는가? 아니면 모든 일이 잘 풀리고 있음에도 언제나 이미 성취한 것보다 더 큰 야망을 품고 다음 단계로 올라서고

싶은가? 어느 쪽이든 간에 이 책은 여러분과 여러분의 조직이 이용할 만한 진짜 기회를 만들어줄 수 있다. 잘 익었는지 확인하려고 스파게티를 자꾸 벽에 던지는 짓은 하지 마라. 지금껏 사용했던 것들을 재포장하고 바꾸는 짓도 하지 마라. 이제는 광고만으로 여러분의 스토리를 세상에 알리는 일을 그만두고 여러분의 스토리가 고객 세계의 일부가 되는 그런 세계를 창조하는 법을 배워야 한다. 이것이 바로 여러분에게 스토리를 크게 외쳐대는 일을 그만두고 스토리스케이핑을 하라고, 혹은 광고 제작을 그만두고 새로운 세계를 창조하라고 진심으로 권하는 이유다.

가치·스토리·경험으로 차별화하기

'빨리, 싸게, 근사하게 원칙'이란 것이 있다. 이 오래된 원칙이 어디서 유래했는지는 잘 모르겠지만 이 말을 처음 들은 것은 건축업자가 우리 사무실을 리모델링하러 왔을 때였다. 그때 그 사람은 이렇게 말했다. "두 가지를 고르세요. 이 사무실을 빨리 근사하게 리모델링하려면 저렴하게는 못 합니다. 혹은 빨리 저렴하게 하면 근사하게는 못 해요." 이 건축업자는 두 가지 요소를 충족시켜줄 수는 있지만 대신 나머지 하나를 버려야 한다고 경고했다.

우리는 모든 시장 지향적 기업에서 그 반대 상황이 일어난다고 생각한다. 이 경우에도 상관 요소 세 개를 뒤섞어 한 가지 공식을 만들 수 있다. 다만 이번에는 가치, 스토리, 경험이라는 세 가지 요소를 사용한다.

앞서 소개한 '원칙'에서는 두 가지 요소가 나머지 요소를 감소시키지만 이 논리라면 두 가지 요소가 나머지 요소를 확장시킨다. 예를 들어 훌륭한 가치를 부여해 훌륭한 경험을 창조하면 스토리가 향상된다. 또한 훌륭한 스토리와 함께 훌륭한 경험을 제공하면 가치가 증대된다.

이 책에서는 경험과 제품의 관계를 좀 더 심도 있게 파헤친다. 이 두 가지 요소가 교환할 수 있는 개념이거나 깊이 관련되어 있다고 생각하기 때문이다. 가치와 가격도 마찬가지다. 훌륭한 경험(제품)을 제공하고 훌륭한 스토리(브랜드)를 가지고 있으면 더 높은 가치(가격)를 창출할 수 있다. 제품이나 서비스를 더 많이 팔려고 가격을 할인해주고 쿠폰을 발행하거나 '원 플러스 원' 판촉 행사를 벌이고, 심지어 닭 의상까지 빌려 입고 홍보하는 것은 바보라도 할 수 있는 일이라는 사실을 이제는 깨달아야 한다. 이런 전략들은 그다지 창의적이지도 않고 근시안적이다.

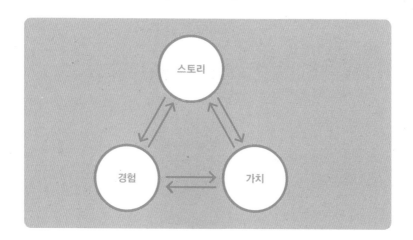

반면에 노련한 마케터들은 기업과 고객이 가치를 공유해서 감성적으로 연결되도록 인상 깊은 브랜드 스토리를 만들어 제품이나 서비스를 차별화할 수 있다. 이렇게 하려면 진정한 창의력과 약간의 감성 지능이 필요하다. 그 비장의 방법은 훌륭한 스토리를 차별화된 몰입 경험 및 적정 가격과 연계해 모든 요소들을 종합하는 것이다. 이렇게 할 수 있는 사람이 진짜 전문가가 아닐까? 또 다른 좋은 방법은 제품이나 서비스 제공 방식을 재구상해서 새로운 비즈니스 모델, 즉 진정으로 차별화된 경험이나 혁신을 창출하는 것이다. 그러려면 비전이 필요하다. 여러분은 여러분의 사업을 어떻게 차별화하고 키워나가는가?

여기서는 이 책에서 다룰 내용의 맛보기로 네 가지 주요 마케팅 방법을 짤막하게 소개하겠다. 우선, 가상의 피자 가게를 예로 들어 규모와 종류에 상관없이 모든 사업들을 단순화해서 간략하게 비교해본다. 이어서 우리의 논지를 보다 더 잘 납득시키기 위해 잘 알려진 실제 사례들을 소개한다.

가격으로 차별화하기

수 제네릭Sue Generic은 피자 배달 가게 주인이다. 수가 사는 작은 마을에는 그녀의 가게와 비슷한 피자 체인점이 두 개 더 있다. 수는 가게 매출을 올리려고 '원 플러스 원' 마케팅 방식을 취하기로 한다. 하지만 수는 훌륭한 스토리를 제시하지 못하고 있는 것 같다. 사실상 수의 스토리는 '우리 피자는 싸구려예요'라고 말하는 것과 다름없다. 물론 의도는 좋았다. 어찌됐든 누구나 좋은 거래를 원하지 않는가? 하지만 장기적으로 봤을 때 가격만 할인해서는 대체로 좋지 않은 결과가 나온다. 가격 기반 차별화는 쥐꼬리만 한 이문만 좇는 할인 경쟁을 피할 수 없다.

스토리로 차별화하기

수 제네릭은 피자 배달 가게 주인이다. 수가 사는 작은 마을에는 피자 체인점 두 개가 더 있지만 수의 피자 가게는 다른 가게와 다르다. 수는 가게를 차별화하려고 자신의 스토리를 현명하고도 적절한 방법으로 고객과 대중에게 퍼뜨렸다. 비밀 소스를 만드는 집안의 비법을 자신이 열두 살일 때 어떻게 배웠는지를 공개한 것이다. 수는 100년 동안 집안 대대로 이어져 내려온 비법을 사용하고, 소스에 들어가는 '비밀' 허브는 물론이고 모든 주요 재료들을 매주 들여온다. 매일 신규 고객들이 수 집안의 비법을 맛보려고 줄을 선다. 수는 절대 예약을 받지 않는다. 그날 준비한 피자 반죽이 떨어지면 가게 문을 일찍 닫는다.

경험으로 차별화하기

수 제네릭은 피자 배달 가게 주인이다. 수가 사는 작은 마을에는 피자 체인점이 두 개 더 있지만 수는 그 업종의 판도를 바꾸려고 한다. 반드시 30분 이내에 피자를 배달한다는 원칙으로 사업을 키워나가고 있다. 수는 바쁜 고객들이 이동 중에도 좋아하는 맞춤 피자를 주문해서 그날 밤에 아이들에게 먹이고 아이들을 재울 수 있게 도와주는 모바일 앱에도 투자했다. 이처럼 차별화된 경험을 제공하는 피자 가게는 수의 가게뿐이고, 수의 고객 저변은 점점 커지고 있다.

스토리스케이핑으로 차별화하기

수 제네릭은 피자 배달 가게 주인이다. 수가 사는 작은 마을에는 피자 가게가 두 개 더 있지만 수의 경쟁 상대가 못 된다. 수는 앞서 나온 모든 방식들을 취하면서 가치, 스토리, 경험이라는 요소들을 잘 조화시켜 고객 세계의 일부가 되도록 전념해야 사업에 성공한다는 사실을 잘 알고 있다. 그래서 사업 전체를 재구상했으며, 사람들과 진정으로 통하는 스토리를 가지고 쉽게 흉내낼 수 없는 제품을 배달했다. 그러자 수의 고객들은 비싼 가격에도 기꺼이 수의 피자를 구입했다. 수는 천재다!

지금까지는 네 가지 주요 접근법이 각각의 상황에서 어떻게 효력을 발휘하는지 살펴보았다. 이제부터는 장난감 산업의 실제 사례를 들어서 그 접근법들을 좀 더 실속 있게 설명해보겠다.

이름없는 중국산 곰 인형: 가격으로 차별화하기

이것을 설명하는 데 지면을 많이 할애하고 싶지 않다. 사실 이 방식은 자세히 설명할 가치도 없다. 이런 쓰레기 같은 전략은 주변에 째고 쌨다. 이름없는 싸구려 곰 인형을 생산하는 또 다른 중국 공장은 이제 필요 없다. 이 저렴한 곰 인형을 가격 기반 차별화 전략의 사례로 들어보겠다.

가격은 7달러 99센트밖에 하지 않고, 사람들이 이 제품을 사는 이유는 값이 싸다는 게 전부다. 잘 모르는 아이나 그다지 좋아하지 않는 아이에게 선물을 사줘야 한다면…… 이 값싼 곰 인형이 적격이 아닐까?

값싼 곰 인형

양배추 인형

양배추 인형: 스토리로 차별화하기

1980년대 초에 유명세를 떨쳤던 양배추 인형(Cabbage Patch Kids)을 기억하는가? 사실 양배추 인형은 다른 인형들과 그다지 다르지 않았다. 컴퓨터 칩이 내장된 것도 아니었고, 움직이지도 않았으며, 말하지도 못했다. 소리가 나거나 빛이 번쩍거리는 인형도 아니었다. 다른 인형보다 나은 점이 하나도 없었다. 남다른 것이 하나 있다면 독특한 스토리였다. 양배추 인형은 모두 '입양'을 해야 했다. 이로써 제품에 관한 스토리이자 구매자에 관한 스토리, 아니 제품보다는 구매자에 관한 스토리가 탄생했다. 바로 이 때문에 사람들은 장난감 소매업자와 다른 판매점에 웃돈을 얹어주면서까지 양배추 인형을 사들였고, 그렇지 못한 경우에는 웃돈을 붙여 판매하는 사람들과 인형 수집가들한테 네 배나 더 많은 돈을 지불하고 양배추 인형을 사들였다. 진품 양배추 인형은 오늘날에도 이베이에서 상당히 높은 가격에 팔릴 것이다.

이 전략의 핵심은 구매자를 '양부모'라는 중심인물로 만드는 스토리를 창조한 것이다. 이것이 바로 우리가 이 책에서 소개하고 장려하는 스토리이다. 적절한 스토리를 만들어내는 일은 쉽지 않지만 그 일을 해내면 강력하고 확장이 가능하며 지속적인 효과가 나타난다.

빌드어베어: 경험으로 차별화하기

여러분이 사는 동네 쇼핑몰에 빌드어베어^{Build-a-Bear} 체인점이 있는가? 이 가게에 가려면 예약을 해야 한다. 곰 인형을 파는 가게에서 예약을 받는다고? 왜 그럴까? 이 가게 경영자들은 곰 인형 판매를 한 단계 업그레이드시켰고, 몰입할 수 있는 경험을 창조해 성공을 거두었다. 딸이나 조카처럼 사랑하는 사춘기 아이를 데려갈 수 있고, 여러분 자신도 몸소 가볼 만한 마법 같은 곳이 있다면 어떨까?

그 마법 같은 곳에 도착하면 가장 먼저 부드러운 솜을 골라서 자기가 넣고 싶은 만큼 '폭신폭신'해질 때까지 인형 안에 집어넣는다. 그러고는 자기가 고른 인형에 심장을 넣어 생명을 불어넣는다(새 친구에게 심장을 넣어주기 전에 소원을 빌며 키스할 수도 있다). 자기 마음에 드는 인형을 만들고 나면 인형에게 어울리는 완벽한 옷을 골라 입혀서 집으로 데려간다. 심지어 인형을 소리 나게 만들 수도 있고, 마지막으로 이 마법 같은 맞춤형 경험에서 가장 멋진 순간이 찾아온다. 바로 새 친구에게 이름을 지어주는 것이다. 아이에게 이런 경험을 선사할 수 있는 기회를 누가 거부할 수 있겠는가? 설령 그 비용이 상당히 비싸다고 해도 말이다. 이처럼 차별화된 경험을 창출하면 훌륭한 브랜드 스토리를 만들었을 때보다 훨씬 빨리 사업을 키워나갈 수 있다. 하지만 이런 거래 방식은 우후죽순으로 생겨나기 쉽다. 그러므로 이 전략의 관건은 언제나 그랬듯이 지속적으로 유지할 수 있느냐이다.

빌드어베어

아메리칸 걸

아메리칸 걸: 스토리스케이핑으로 차별화하기

아메리칸 걸American Girl 프랜차이즈의 성공 사례를 살펴보자. 1980년대에 한 교재 출판업자가 시대별로 하나씩 만든 18인치 인형 세 개를 출시해 미국 역사를 가르친다는 아이디어를 생각해냈다. 이 인형들은 각각의 삶을 자세하게 설명해주는, 역사적으로 정확한 이야기책과 함께 출시되었다. 이 인형들이 이렇게 교육용으로 판매되는 동안 인형의 액세서리와 옷을 판매하는 2차 시장이 형성되면서 또 다른 재미가 생겨났다. 마텔Mattel 사가 1995년에 이 회사를 사들였을 때는 인형이 50개를 넘었고 사실상 전 세계 모든 민족의 이야기를 담고 있었다. 마침내 모든 어린 소녀들이 자신의 모습과 자신의 이야기를 대변해주는 인형을 찾을 수 있게 된 것이다.

요즘에는 이런 어린 인형 애호가들이 돌아다니면서 인형을 수집할 수 있는 근사한 매장과 더불어 진짜 아메리칸 걸 세상이 펼쳐진다. 이들은 아메리칸 걸 레스토랑에서 식사를 하거나 아메리칸 걸 미용실에서 자신과 인형의 머리를 다듬을 수 있다. 이 인형들의 맨해튼 주소는 5번가이며, 이곳에서 시끌벅적한 생일 파티를 하려면 대기자 명단에 이름을 올려야 한다. 아이패드로 아메리칸 걸 카탈로그 전체를 열어볼 수 있고, 아메리칸 걸 다이어리 앱을 아이팟에 다운로드할 수도 있다. 인형 주인들은 소셜 미디어 공간을 바쁘게 돌아다니면서 인형 옷을 공유하거나 골동품과 예술품처럼 간헐적으로 시장에 나오는 멋들어진 인형 소장품들을 자랑하기도 한다. 인형과 인형 주인들이 참가하는 실제 패션쇼도 열린다. 2012년에 아메리칸 걸의 연간 방문객 수는 수백만 명이고, 연매출은 1억 50만 달러에 달했다. 아메리칸 걸 웹사이트 방문객 수는 연간 7천만 명이 넘는다.

강력하고 혁신적인 스토리스케이핑 접근법

아메리칸 걸에는 마침표가 없고 쉼표만 있는 스토리가 있다. 이것이 바로 우리가 이 책에서 심도 있게 다룰 스토리스케이핑이다. 이제 네 가지 접근법의 차이점을 살펴봤으니 여러분도 스토리스케이핑을 연구해볼 만하고 재미있는 방법론이라고 생각할 것이다.

오늘날 시장에서 일어날 수 있는 그 어떤 난관에 부딪히더라도 긍정적인 태도로 기술을 발전시켜 나아가자. 그 순간을 기회로 보고 사업을 재구상하자. 여러분의 사업을 중심으로 세계를 구축하는 데 전념하기 시작하면 어떤 일이 벌어질까? 여러분이 만든 세계가 소비자 개개인의 스토리에 개별적으로 영향을 끼친다면 그 노력이 얼마나 더 큰 효과를 거둘까? 여러분이 펼쳐놓은 세계에 소비자가 뛰어들어 그 이야기의 일부가 되고 여러분 사업과 소비자 간의 모든 상호작용이 몰입 경험을 낳는다면 어떻게 될까? 이와 반대로 여러분이 소비자의 스토리 속으로 들어간다면 소비자들도 자연스럽게 여러분의 스토리를 구성하는 일부가 되지 않겠는가?

공유되는 스토리가 소비자 참여와 브랜드 충성도에 얼마나 막대한 영향을 끼칠지 상상해보라. 이것이 바로 스토리텔링(광고 제작)에서 스토리스케이핑(새로운 세계 구축)으로 도약하는 결정적 장면이다. 이것은 굉장히 강력하고 혁신적인 도약이다. 우리는 이러한 도약을 이끌어냄과 동시에 디지털 시대에 모두가 한결 더 수월하게 마케팅을 할 수 있도록 만들고자 한다. 그래서 모든 것을 총망라한 우리의 접근법과 전체 모델을 공개하면서 실제 고객 대응 업무를 강조할 계획이다. 차차 알게 되겠지만 그 방법은 아주 간단하다. 일단 그 리듬에 몸을 실으면 일이 즐거워질 것이다.

1부에서는 스토리스케이핑 이면에 어떤 목적과 힘이 자리하고 있는지 설명한다. 또한 몇몇 사례들을 실제로 분석하고, 영향력 있는 몇몇 마케팅 선구자들의 의견을 소개할 것이다. 2부에서는 여러분의 조직과 브랜드를 빠른 시일 내에 발전시킬 수 있는 방안과 단계별 모델을 자세하게 소개할 예정이다.

우리는 스토리스케이핑 접근법을 비즈니스 업계 전체와 공유하고자 한다. 그래서 지역 기반 기업은 물론 개인 자영업자, 세계적인 브랜드에서 일하는 마케팅 담당자들이 이해할 수 있도록 적합한 형태와 언어로 이 책을 집필했다. 스토리텔링이라는 신종 업계에서 저마다 최고가 되고 싶어 하는, 또한 지속적으로 발전한다는 것이 얼마나 어려운지 잘 아는 우리 '경쟁자들'에게 이 책이 도움이 되기를 바란다. 우리는 자신의 사업 및 브랜드를 발전시키고자 하는 모든 사람들과 이 효과적인 접근법들을 나누고 싶다. 뭔가 새로운 것을 시도하고, 조직 내에서 몇몇 핵심적인 차원의 긍정적인 진보를 이끌어내고자 하는 사람들에게 우리의 것을 아낌없이 내어주고자 한다.

스토리스케이핑은 훌륭한 이야깃거리를 몰입할 수 있는 스토리 시스템으로 바꾸는 방법이다. 이런 스토리 시스템에서는 사람들이 여러분의 브랜드와 연결되고, 그 브랜드에 지속적으로 충성을 다하고 싶어 하며, 여러분이 만든 세계의 참여자가 되고 싶어 한다. 이 개념과 단계별 모델을 이용하면 마케팅이라는 차의 운전석에 앉아서 여러분이 관심을 갖는 사람들, 여러분의 브랜드를 자기 세계의 일부로 만들고자 하는 소비자들과 더 깊이 연결될 수 있다. 이제 스토리스케이핑으로 달려보자!

1

스토리로
세계를 이해하다

●

스토리는 세상을 이해하는 수단이다

인간은 각기 다른 사건들을 종합해서 의미를 찾아내는 능력을 타고났다. 우리 인간은 그런 능력을 통해 세상이 돌아가는 방식과 세상의 맥락을 이해한다. 선사고고학을 슬쩍 들여다보면 인간이 예전부터 얼마나 자주 그렇게 했는지 알 수 있다. 2012년에 브리스틀 대학교의 한 고고학 팀이 에스파냐의 칸타브리아 연안에 있는 지하 동굴 11개를 조사했다. 그중 엘 카스티요El Castillo 동굴에서 초기 동굴 벽화의 잔해가 발견되었는데, 100만 년이 넘은 것들이었다. 한편 최근에 남아프리카의 본더벌크 동굴Wonderwerk Cave에서는 인간의 선조가 불을 사용했다는 확실한 증거가 나왔다. 이 모닥불의 역사는 100만 년 전으로 거슬러 올라간다. 이 발견으로 짐작해보건대, 동굴에 살던 우리 선조들은 모닥불의 따뜻한 온기를 느끼고 싶은 만큼이나 경험을 공유하고 서로의 이야기를 나누며 기록하고 싶어서 한자리에 모였을 것이다.

오늘날 스토리텔링의 역사와 공동체적 가치를 설명할 때 모닥불 주위에 모여 앉은 우리 선조들의 모습을 자주 들먹인다. 그게 도움이 될 수도 있겠지만 그보다는 동굴에 살던 우리 선조와 언어의 기원을 예로 들며 인간이 스토리에서 얻고자 하는 가치를 설명하는 게 더 적절한 방법일 것이다. 언어가 구조를 갖추기 전의 세상은 어떠했을까? 툴툴거리는 소리와 찡그리는 표정, 주로 손가락질과 손동작을 하는 몸짓으로 모든 의사를 표현했다. 당시에는 말 그대로 누군가에게 뭔가를 보여주는 것이 가장 좋은 설명 방법이었을 것이다.

이 사실을 머릿속에 넣어두고 행동과 경험도 소통의 중요한 요소가 된다는 우리의 설명을 잘 들어보기 바란다. 언어가 구조를 갖추기 전에는 복잡한 생각들을 표현하기가 어려웠다. 오늘날에도 복합적인 아이디어들을 꿰어 맞추기 힘들고 시스템이나 패턴 없이는 간단한 개념조차 정리하기 어렵다. 그래서 스토리를 접착제처럼 사용해 패턴을 강화하고 머릿속에 주입시킨다. 스토리는 세상을 이해하는 수단이다. 장소와 사건, 사람, 사물, 개념을 스토리로 설명한다. 종교는 스토리로 힘을 얻고, 전쟁은 스토리 때문에 발발하며, 아이들은 스토리로 자라난다.

스토리 없이 일련의 사건들을 이해하거나 역사적으로 기념할 만한 뭔가를 설명해보자. 아니면 간단하게 자신에 대해서 말해보자. 쉽지 않은 일이다. 스토리는 거의 모든 것을 이해하고 정리하는 데 도움이 된다. 가장 좋아하는 곳은 왜 좋아하게 된 걸까? 그곳에 스토리가 있기 때문일 가능성이 높다. 옛집의 좋아하는 방을 떠올리면 기분이 좋아지는 이유는 뭘까? 왜 그런 일이 일어나는 걸까? 여러분 머릿속에 떠오른 그림들, 즉 여러분이 그곳에서 만들었던 행복한 추억 때문이라고 생각하는 사람도 있을 것이다. 친구는 어떻게 고르는가? 어떤 사람에게 끌리는가? 뭔가에 기분이 좋아진다면 그것과 무슨 관련이 있기 때문일까? 이 모든 질문의 답은 스토리에 있다. 우리는 스토리를 통해 장소와 공간, 사람들과 연결되어 있고, 언제나 스토리로 이 세상을 이해한다. 100만 년 전의 모닥불에서 동굴 벽화, 그리스 송시(訟詩, 공적이거나 사적인 엄숙한 행사에서 낭송하는 서정시—옮긴이)에 이르기까지 우리 인간은 오랫동안 의미와 생존이라는 실존적 기운을 스토리로 이해해왔다.

스토리텔링 시작하기: 8색 크레용 사용하기

구조화된 기반을 세우고 싶은가? 그렇다면 기본으로 돌아가자. 뭔가를 창조하는 첫 단계는 두말할 것도 없이 일단 어딘가에서 시작하는 것이다. 최소한의 자원으로 사업을 막 시작한 사람이라면 기본에 충실하며, 자신이 키워나가고 풍성하게 만들 수 있는 기반을 아주 단단하게 세우는 것이 좋다. 기름 친 것처럼 잘 돌아가는 마케팅 기계 같은 사람이 다시 기본으로 돌아가보는 것도 재미있지 않겠는가? 스토리의 '기본'은 구조다. 스토리의 구조는 이미 다각도로 연구되어 공개되어 있으니 다행스러운 일이다. 따라서 이미 나와 있고 효과가 증명된 스토리 구조를 이용해 브랜드 스토리를 짜면 된다. 지금부터 스토리스케이핑의 씨앗이 되는 몇몇 기본적인 측면들을 간략하게 살펴보겠다. 매력적인 스토리를 만들 때는 제일 먼저 전략과 시스템 사고가 필요하다. 이 중요한 기초 작업을 여기서 짚고 넘어가보자.

스토리가 구조화되어 있다는 사실은 우리 모두가 알고 있다. 스토리에는 줄거리와 배경, 등장인물, 시점이 있다. 사람들은 종종 이런 패턴들을 보지 않고도 안다. 책을 읽거나 영화를 볼 때 다음에 무슨 일이 일어날지 직관적으로 예측해낸 적이 있지 않은가? 스토리텔링에서 구조는 의도적으로 만들어진 것이거나 자연스럽게 펼쳐지는 것이다. 어느 쪽이든 스토리에는 언제나 구조가 있다. 절과 후렴구, 연결음으로 구성된 음악을 생각해보자. 이 경우에는 일반적인 구조가 있다고 해서 창의성을 폄하하거나 형식적으로 작업이 이루어졌다고 비난할 수 없다. 이런 구조들을 창의성의 디딤돌이라고 생각하자. 이야기하려는 스토리의 형태를 강조하고자 할 때 구조를 짠다. 자신의 스토리를 만들 때는 자기 뜻대로 선택하고 창의성을 발휘하며, 구조도 자기 스스로 결정한다. 각자의 기술과 예술은 구조 안에서 결합된다. 모형 비행기 부품들을 조립하고 칠해서 날려 보내기 전에 적절하게 늘어놓는 것이 구조라고 생각하면 이해하기 쉽지 않은가?

영국의 작가 겸 저널리스트인 크리스토퍼 부커Christopher Booker는 신화와 설화, 문학, 영화를 분석하고, 연속극도 몇 편 연구했다. 장장 700쪽에 달하는 그의 책 《일곱 가지 기본 플롯(The Seven Basic Plots)》에 따르면, 이야기에는 몇몇 패턴들이 반복되어 나타난다. 이 패턴들의 기본적인 줄거리가 일곱 개였고, 사람들은 그러한 패턴들을 끝없이 사용하고 또 사용해 거기에 완전히 통달하게 되었다. 괴물을 무찌르는 이야기, 거지가 부자가 되는 이야기, 탐험, 여행과 귀향, 부활, 코미디, 비극, 이런 것들이 익숙하게 들리지 않는가?

여러분은 어떤 줄거리를 이용해 마케팅 전략을 펼치고 있는가? 사람들에게 위협을 가하는 적이나 '괴물'이 명확하게 등장하는 베어울프Beowulf, 아니면 킹콩이나 에일리언 같은 이야기 방식으로 홍보를 하는가? 그 스토리의 영웅이 괴물과 싸우다가 다소 타격을 받지만 결국에는 괴물을 물리치고 평화를 되찾는가? 사실 스토리 중에도 보다 더 효과적으로 브랜드와 소비자를 연결해주고 소비자들의 실질적인 참여와 소셜 화폐(Social Currency: 각종 소셜 네트워크 서비스에서 다양한 참여 활동을 유도하기 위해 유통되는 가상 화폐-옮긴이)를 이끌어내는 스토리들이 있다. 춤추고 싶은 충동을 좀 더 강렬하게 이끌어내는 음악 구조가 있듯이 말이다.

어떤 스토리들은 몇 세대가 흘러도 전해져 내려온다. 미국의 신화학자 조지프 캠벨Joseph Campbell은 자신의 책 《영웅의 여정(The Hero's Journey)》에서 영웅 여행이라는 구조가 있다고 주장했다. 이 구조에서는 청중이 공동체, 정의, 진실, 자기표현 같은 가치들을 공유하면서 이야기 속의 영웅과 연결된다는 것이 캠벨의 주장이다. 실제로 사람들은 그런 이야기 속의 영웅과 자신을 동일시한다. 이것이 바로 브랜드·소비자 관계를 구축하는 완벽한 공식이다.

현재 사용되는 영웅 여행 공식의 실례는 〈오즈의 마법사(The Wizard of Oz)〉와 〈스타워즈(Star Wars)〉에서 찾아볼 수 있다. 이 두 이야기에는 모두 평범하다 못해 어쩌면 무기력하기까지 해서 영웅 같지 않은 주인공이 등장한다. 도로시와 루크 스카이워커는 둘 다 더 높은 가치를 추구하며 살고 싶어 하지만(세상의 정의를 이루고 싶어 하지만) 자기들 힘으로는 어떻게 할 수가 없다고 생각한다. 그러다가 흥미로운 반전이 일어나면서 그들에게 생각보다 훨씬 더 많은 일을 할 수 있다고 깨우쳐주는 스승이 나타난다. 이렇게 스승을 만난 두 사람은 모두 마법 선물을 받는데 도로시는 빨간색 루비 샌들을, 루크 스카이워커는 광선 검을 받아들고 자아를 발견하는 위험한 여행을 떠난다. 시련과 고난이 가득한 이 모험에서 두 사람은 세상을 파괴하는 근원을 찾아내고 고향으로 돌아가 사회를 치유할 수 있는 보물이나 지식을 얻는다. 궁극적으로는 이 과정에서 자기 자신과 세상에 대해 더 많이 배우게 된다.

그렇다면 도로시나 루크 스카이워커가 소비자고, 그들의 스승이 여러분의 브랜드라고 가정해보자. 이 경우에 어떤 유대 관계가 생길지 짐작할 수 있겠는가? 브랜드 스토리텔링의 가장 큰 실수는 브랜드에 영웅 역할을 부여하는 것이다. 이것은 아주 오만한 짓이다. 여러분의 제품이나 서비스는 마법의 루비 샌들 같은 것이 되어야 한다. 이를 가장 잘 보여주는 사례는 탐스^{TOMS} 신발이다. 탐스는 '가난한 사람들을 돕는다'는 원대한 가치를 표방하는 기업이다.

이 기업의 운영 방식은 아주 간단하다. 소비자가 신발 한 켤레를 사면 탐스는 신발 한 켤레를 가난한 사람에게 기부한다. 이 기업은 신발 사업에서 이러한 영웅 모델로 성공을 거두자 재빨리 사업을 확장했다. 현재 탐스는 안경을 판매하면서 사람들의 시력을 되찾아주는 일도 돕고 있다. 이렇게 소비자(영웅)와 탐스(스승)가 일련의 가치들을 공유하고, 제품(선물)에는 마법이 실린다. 소비자들은 그런 제품을 구매함으로써 자신들이 추구하는 가치에 따라 살아갈 수 있다. 여러분의 브랜드는 소비자의 스승이 되고 있는가? 여러분의 기업은 선물을 제공하려고 하거나 그런 제의를 하는가?

네안데르탈인처럼 서로 팔꿈치를 비비며 어울리든 소셜 미디어 공간에서 교류하든 인간 사회에서 인간다워지려면 스토리가 있어야 한다. 또한 최고의 스토리, 다시 말해 신화적 잠재력을 갖춘 스토리는 영웅이 등장하는 구조를 갖추고 있다. 심지어 영웅의 인생마저 구조화되어 있다. 영웅은 평범한 삶을 떠나서 힘겨운 장애물들을 만나 깊은 절망의 심연 속으로 떨어졌다가 초자연적인 도움을 받아 결국에는 예전과 달라진 모습으로 귀향하거나 자신을 바꾸어준 여행의 증표가 되는 물건을 가지고 돌아온다.

많은 마케팅 전문가들은 브랜드를 영웅으로 만들고 소비자를 목표 대상 혹은 '청중'으로 만들라고 배웠기 때문에 소비자를 영웅으로 만드는 방법을 찾는 것이 두려울 수도 있다. 하지만 소비자를 브랜드 스토리의 영웅으로 만들면 소비자에게 막강한 힘을 부여할 수 있다. 이것이 바로 브랜드가 소비자 스토리의 일부가 되는 방법이다. 소비자를 영웅으로 만들어라. 솔직히 말해서 여러분의 브랜드 스토리를 그 스토리의 영웅보다 더 잘 말해줄 사람이 누가 있겠는가?

스토리텔링 뛰어넘기: 24색 크레용 사용하기

스토리가 기본 구조에서 벗어나 진화하는 것처럼 도약이 일어나는 다음 단계는 무엇일까? 스토리를 다음 단계로 끌어올릴 때 유용하게 써먹을 수 있는 흥미로운 방법들이 몇몇 있다. 고무적인 사례로 스토리텔러에서 스토리스케이퍼로 진화한 해리포터 시리즈의 작가 조앤 K. 롤링[Joan K. Rowling]을 들 수 있다.

롤링은 처음에 몇 권의 책으로(글자와 그림으로) 해리포터의 세계를 그려냈지만 해리를 가상의 공간에서 물리적이고 실질적인 공간으로 끌어내는 데 성공했다. 세상 사람들은 롤링을 뛰어난 스토리텔러로 생각하지만 우리가 보기에는 뛰어난 스토리스케이퍼이기도 하다. 롤링이 스토리스케이퍼로 변모할 때 스토리텔러로서 이미 알고 있던 것을 다 등한시할 필요는 없었다. 오히려 유니버설 크리에이티브[Universal Creative]의 수석 부사장 티에리 쿠프[Thierry Coup]와 협력해서 테마파크를 건설했다. 그리하여 공간과 환경 디자인, 게임 디자인 원칙들, 소리와 냄새를 가미하는 기법, 그 밖에 수많은 창의적 기술들을 통해 자신의 취향을 넓혀나갔다. 이제 롤링은 훨씬 더 많은 크레용을 사용하고 있다. 이것이 바로 우리 모두가 나아가야 할 길이다.

우리가 바라는 것들은 보편적인 스토리 주제에서 크게 벗어나지 않는다. 하지만 하나의 스토리를 표현하는 방법이 다양해지면서 책, 영화가 크게 발전했다. 그렇다면 모든 마케터들이나 홍보 대행업체들은 왜 그 추세를 따라가지 못하는가? 기술이 발달하면서 사람들은 '글 쓰는' 도구를 사용하는 수준에서 벗어나 완전히 새로운 몰입 경험과 감성적 개입을 창출하는 능력까지 발휘할 수 있게 되었다. 이것은 그렇게 어려운 일이 아니다. 적절한 접근법과 적절한 모델, 적절한 기반만 있으면 된다.

의미 있는 경험을 갈구하는 인간의 욕망을 대신할 만한 것은 없다. 자신의 경험을 다른 사람들에게 전하려고 동굴 벽화를 그렸던 것이 이제는 트위터와 인터넷에 글을 올리는 것으로 바뀌었을 뿐이다. 존재의 흔적을 남기고, 우정을 나누면서 타인과 관계를 맺으려는 인간의 욕구를 표현하는 것이 여전히 근본적인 목적이다. 좋아하는 신발을 신고 사진을 찍는 행위는 수만 년 전에 동굴 벽화를 그렸던 행위의 최신 버전이다. 자신의 것과 똑같은 운동화를 좋아하는 심정이 어떤지 아는 지구촌 사람들과 연결되는 현대적인 방법이기도 하다.

이야기는 대부분 쌍방향적이라는 사실을 명심하기 바란다. 현대의 소비자들은 동굴 벽에 숯으로 들소를 그려서 자신들을 표현하기 시작한 이래로 장족의 발전을 해왔다. 따라서 마케터들은 접근법을 바꿔야 한다. 일반적인 스토리에서 벗어나 소비자를 스토리의 중심에 놓는 혁신적인 방법을 찾아내야 한다. 소비자에게 관객 역할이 아니라 주인공 역할을 맡기는 마케팅이 성공할 수밖에 없다. 무엇보다 소비자들이 영웅으로 성장하는 여정이 중요하기 때문이다.

까놓고 말해서 모두가 스토리에 끌린다. 본질적으로 사람 자체가 스토리이기 때문이다. 사람들은 보고 행동하고 자신을 알리려고 존재한다. 스토리란 '내가 여기 있으니까 날 좀 봐줘'라고 말하는 것이다. 시각적 표현의 초창기 형태, 즉 동굴에 살던 우리 조상들이 자기들을 잊지 말아 달라고 그려놓았던 동굴 벽화 속의 모닥불 이야기가 말하는 내용도 바로 그것이다.

스토리에 관해서는 뭐라고 장담할 만한 게 없다. 물론 스토리텔링은 천 년이 넘는 세월 동안 사람들의 인식을 바꾸고 행동을 이끌어내는 가장 중요하고 인상 깊은 마케팅 도구로 사용되었고, 지금도 다르지 않다. 스토리텔링의 본질적인 가치는 여전하다. 그러므로 스토리에 관해서 배운 것을 간직한 채 앞으로 나아가자. 홍보와 광고는 단순하게 스토리를 말하는 수준에서 경험이나 제품에 영향을 미치는 수준으로 발전해야 한다. 단순하게 스토리만 전해서는 온전한 관계를 맺지 못한다. 스토리의 힘을 키우고 활용해서 소비자와 공유하고 소비자가 자기 주변 사람들과 나누고 싶어 하는 몰입 경험을 창조하는 데 전념하자. 돈으로 물건을 사듯이 스토리를 관계를 맺는 수단으로 삼고 훨씬 더 포괄적인 차원으로 끌어올리자. 경험의 힘을 이용해 스토리를 발전시키자. 사람들은 남의 이야기보다 자신의 개인적인 이야기를 훨씬 더 잘 기억하고 퍼뜨린다는 사실을 명심해야 한다.

스토리는 기업에 대한 평판이다

우리는 이 책을 쓰기 위해 다른 기업들은 스토리를 어떻게 활용하여 성공했는지 알아보려고 몇몇 유명 인사를 만나 이야기를 나누었다. 그중에서 특히 코카콜라는 125년이 넘도록 스토리에 흠뻑 빠져 있었기에 매우 유익한 사례였다. 코카콜라 그 자체가 스토리다. 전 세계 다른 어떤 기업보다 널리 알려져 있고 광범위하게 분포되어 있는 브랜드다. 예나 지금이나 스토리는 코카콜라에서 중요한 비중을 차지하고 있다.

어떤 기업들은 스토리텔링을 기업 유산의 핵심적인 요소로 삼는다. 물론 그렇지 않은 기업들도 있다. 브랜드에는 실질적인 목적이 담겨 있고, 목적은 흔히 기업의 위대한 스토리와 연관되어 있다. 하지만 오늘날에는 스토리와 스토리텔링의 힘을 활용하는 것이 기업의 발전 방안과 결부되는 문제로 확대되었다.

코카콜라에는 더없이 귀중하고 방대한 브랜드 자료실이 있다. 뿐만 아니라 애틀랜타의 코카콜라 월드^{World of Coca-Cola}에 가면 코카콜라의 세계를 보다 더 깊이 들여다볼 수 있다. 코카콜라에 입사한 신입 사원들이 제일 먼저 하는 일은 자료실에서 코카콜라 스토리에 푹 빠져 지내는 것이다. 스토리를 하나씩 읽다 보면 코카콜라가 어떻게 설립되었으며, 어떻게 미국에서 자리를 잡았는지, 어떻게 해외로 확장했고, 그 후에 어떻게 다른 브랜드들을 만들기 시작했는지 알 수 있다. 스토리텔링은 코카콜라의 DNA에 각인된 유전자의 일부분이다.

모든 기업들이 일련의 '기업' 스토리들을 갖고 있는 것은 아니다. 그보다는 모기업의 브랜드에 스토리가 있다. 이 경우에 창의적 의제는 모기업이 아니라 브랜드에 달려 있기 때문에 문제가 달라진다.

> 핵심 기업 스토리와 핵심 브랜드 스토리의 관계를 이해하게 되자 스토리텔링의 힘에 대한 나의 믿음이 크게 영향을 받았다. 나는 새로운 아이디어 관련 워크숍을 할 때 흔히 접란(Spider Plant)을 효과적인 비유로 든다. 중앙 화분에 접란을 가득 채우는 것이 새끼식물들에게 환상적인 비료 노릇을 하듯이, 기업을 훌륭한 스토리로 가득 채우면 브랜드 스토리가 태어난다.
>
> – 조너선 마일덴홀(Jonathan Mildenhall, 코카콜라 글로벌 광고 전략 및 창의성 업무 총괄 책임자)

많은 스토리들 가운데서 코카콜라는 목적이나 기업 정신, 혹은 기업의 본질을 규정하는 스토리를 갖고 있다. 다시 말해 각각의 브랜드가 해석하고 걸러내서 이용할 수 있는 강력한 기반을 갖추고 있는 것이다.

가장 중요한 스토리와 목적은 아주 간단하다. '코카콜라는 어디에서든 가치를 창출하고 변화를 이끌어내면서 낙관적이고 행복한 순간들을 선사해 세상을 새롭게 만드는 데 헌신한다.' 코카콜라는 신선함, 행복, 낙관주의, 가치가 담긴 스토리를 말한다. 이러한 코카콜라의 스토리는 강력하고 명확해서 모든 코카콜라 브랜드로 흘러들어간다. 그렇기 때문에 코카콜라에서 일하는 사람들은 이런 질문들을 던질 수 있다. 이 브랜드가 행복을 지향하는가? 이 브랜드가 낙관주의를 표방하는가? 이 브랜드가 가치를 추구하는가? 이 브랜드가 신선함을 선사하는가? 아니면 이 브랜드가 문화적 차이를 고려하는가?

내부 구성원들이 이런 의문들을 품는 한 코카콜라 기업 내에서는 앞서 소개한 코카콜라 기업의 목적에 어긋나는 일이 절대 일어나지 않는다. 다시 말해서 코카콜라는 신선함을 선사하지 않는 일을 하지 않는다. 예컨대 스낵과 칩 종류의 제품을 내놓지 않는다. 칩은 신선하지 않지만 주스와 아이스티는 신선하다. 브랜드 스토리는 바로 이런 식으로 모기업의 조직 규율을 따르고 회사 전체로 퍼져 나간다. 낙관주의와 행복을 지향하는 가치를 창출해 세상을 새롭게 만들지 않는 제품은 코카콜라가 만든 것이 아니다.

오늘날 소비자들은 기업 정신을 살펴보고 그 기업과 기업의 브랜드들이 실제로 기업 정신에 부합하는지 따져본다. 사람들은 우리가 마케팅에서 말하는 것 이상을 알고 있다. 우리가 정확하게 무엇을 하고 있는지, 직원들을 어떻게 대우하는지, 물품들을 어디서 구입하는지 등등 그 밖에 모든 것을 꿰고 있다. 그러므로 스토리를 전하는 방법뿐 아니라 여러분의 몸가짐에도 신경을 써야 한다. 잠시 시간을 갖고 여러분 자신과 여러분의 회사가 목적에 얼마나 충실한지 평가해보기 바란다.

예를 들어, 오랫동안 지속되고 있는 환경보호라는 문화적 추세를 살펴보자. 사람들은 친환경적인 사람이 되고 싶어 한다. 아니면 그런 사람처럼 보이기를 바란다. 그리고 지금 자신들이 알고 있는 것보다 더 나은 세상을 만들고 싶어 한다. 환경보호에 중점을 둔 제품이나 서비스를 내놓는 기업들을 많이 보지 않았는가? 그들이 실제로 환경을 보호하고 있는지 궁금하지 않은가? 어떤 기업들은 말과 행동이 일치하지 않는다. 사람들은 그런 기업들을 알아보고 지갑을 여느냐 마느냐로 의견을 표출한다. 여러분의 스토리와 행동은 서로 일치해야 하고, 더 나아가서 소비자의 인식과 기대에도 부합해야 한다. 열대우림을 살린다고 떠들어대는 석유회사처럼 행동해서는 안 된다. 그것은 위선적인 짓이다. 기업 행동과 소비자 기대, 브랜드 목적의 공통된 연결점을 찾기 위해 노력해야 한다.

두 배로 불리면서 반으로 줄일 수는 없을까?

대기업이 생산 규모를 두 배로 늘릴 계획이라고 하면 주주들은 기분이 좋아지고 그들의 눈에 달러 표시가 번쩍거린다. 반면 환경론자들은 가슴이 철렁 내려앉는다. 이와 같은 불균형을 알아차린 유니레버^{Unilever}는 앞으로 10년 안에 기업 규모를 두 배로 늘리는 동시에 탄소 발자국(carbon footprint: 개인 또는 단체가 직간접적으로 배출하는 이산화탄소의 총량—옮긴이)을 50퍼센트 줄이겠다는 야심찬 계획을 발표했다. 그러고는 이 계획을 실행하기 위해 모든 제품에 미생물로 분해되는 포장지를 사용했다. 이를 통해 유니레버가 전체 공급망에서 얼마나 많은 포장지와 쓰레기를 줄일 수 있을지 생각해보라. 이것이 바로 긍정적인 변화를 일으키고 실질적인 효과를 발휘하는 의미 있는 노력이다. 탄소 발자국을 크게 줄이려고 즉각적인 조취를 취한 유니레버의 행동은 모든 이해 당사자들이 만족할 만한 조직 전체의 스토리이자 조직 전체의 의제 설정agenda-setting 방식이 될 수 있다. 이 모든 것은 개선된 사업에 관한 스토리의 힘에서 시작된다.

배짱 두둑한 기업 지도자들은 이처럼 대담한 스토리들을 제시해 기존의 사업 방식에 도전해야 한다. 새로운 역사를 써 나갈 적합한 사람들과 함께한다면 그런 기회에서 가능성을 찾아낼 수 있다.

제임스 캐머런James Cameron은 스토리를 만들고 나서 기술이 뒤따라올 때까지 기다리는 것이 아니라 한발 앞선 미래 기술로 스토리를 전할 수도 있다는 것을 보여주었다. 캐머런은 두 방향을 모두 생각한다. 구글 또한 그렇다. 구글의 목적은 전 세계의 정보를 조직화하는 것이다. 구글만큼 큰 야망을 품을 수 있는 기업이 또 있을까? 구글은 정말 훌륭한 스토리와 기술을 갖고 있다. 구글의 목적은 모든 것을 코드화하는 새로운 방법들을 알아내어 세계적인 조직이 되는 것이다. 구글이 이 목적을 어떻게 달성하느냐는 '아마도' 훌륭한 스토리가 될 것이다. 여기서 '아마도'라는 군더더기가 붙은 이유는 그런 기술이 존재하더라도 그 기술을 설명하는 스토리가 잘못될 수 있기 때문이다.

때로는 스토리를 제시하는 새로운 방식 덕분에 그 스토리가 인기를 얻는다. 구글플러스(구글에서 운영하는 소셜 네트워크 서비스-옮긴이)를 그 사례로 들 수 있다. 구글이 처음 구글플러스 스토리를 발표했을 때 사실상 기술은 전혀 바뀌지 않았고 구글플러스는 인기를 얻지 못했다. 하지만 그 스토리를 바꾸고 나자 지금은 구글플러스가 탄탄한 성장세를 보이고 있다. 여기서 분명한 것은 스토리와 경험을 솜씨 좋게 버무려야 한다는 것이다. 이것이 바로 핵심이다.

오늘날 우리는 매일 스토리의 힘을 믿으며 살아간다. 스토리의 힘은 경험의 힘을 만나서 크게 증폭한다. 스토리와 경험은 서로에게 힘을 보태준다. 살면서 겪은 개인적인 경험을 남과 나누는 유일한 수단은 스토리다. 스토리와 스토리텔링의 사전적 정의는 '일련의 사건들을 묘사하는 것'이며, 경험을 그것의 한 요소로 들고 있다. 이 경험이라는 요소가 굉장히 강력한데도 종종 그 비중에 비해 활용도가 낮다. 사람들은 타인이나 브랜드 이야기보다는 자신의 삶에서 일어난 이야기를 더 잘 기억한다. 스토리가 강력할수록 사람들은 그것을 더 잘 기억하고 연결한다. 여러분이 자기 자신에게 질문을 던져보라. 여러분은 마케터로서 경험적 요소를 어떻게 생각하는가? 여러분의 브랜드는 정서적 연결을 구축하고 있는가? 여러분의 브랜드, 그러니까 여러분의 제품이나 서비스가 소비자 스토리의 일부가 되고 있는가?

스토리텔링을 초월한 스토리두잉

경험에 중점을 두고 시작하는 마케팅은 거의 없다. 마케팅으로 얻고자 하는 효과는 메시지를 전달하는 것뿐이다. 홍보 대행업체들은 대부분 스토리를 경험하는 방식이 아니라 스토리텔링 방식을 사용한다. 경험을 통한 스토리텔링을 이용하면 스토리텔링 효과를 크게 증폭시킬 수 있다. 100명을 대상으로 삼아 어떤 경험을 창조하는 데 멈추지 않고 수백만 명의 사람들이 온라인으로 그 경험을 지켜보게 할 수도 있는 것 아닌가? 물방울 하나가 잔잔한 호수에 떨어져 큰 파문을 만들어내는 것과 같은 이런 추세는 점차 증가하고 있는데 훨씬 더 많이 이용해야 한다.

그런데 현재의 미디어 계획은 그렇지 않다. 오늘날에는 어떤 사건이나 반응, 콘텐츠, 리뷰 등과 같은 것들이 파급효과를 일으킬 수 있다. 경험적 사건의 마케팅 메트릭스^{metrics}를 들여다봐서는 파급효과의 이득을 얻거나 영향을 받지 못한다. 그러므로 마케팅 투자를 최적화하려면 전체적으로 가치 변화가 일어난다는 사실을 명심해야 한다. 그러한 파급효과의 가치를 따지지 않고 물방울 하나를 떨어뜨리는 데 들어가는 비용만 생각해서는 안 된다.

훌륭한 콘텐츠를 위한 물방울을 만든 다음 그 콘텐츠를 전 세계로 확산시켜야 한다. 어떤 물방울들은 처음 만들어진 이후 더 이상 생산되지 않지만 몇 년 동안 인터넷이나 실시간 대화 속에서 떠돌아다니기도 한다. 작은 물방울로 이틀 동안 큰 파급효과를 일으킨 사례를 들어보자. 나이키는 2,000만 달러를 들여 유튜브와 자사의 페이스북에 3분짜리 영상을 만들어 올렸다. 이것은 단순한 물방울이 아니었다. 월드컵에 관한 전 세계인의 감성을 즉각적으로 자극한 핵폭탄이었다. 더군다나 나이키는 월드컵 공식 후원사도 아니었다. 그럼에도 월드컵의 일부가 되라고 사람들을 부추겼기 때문에 나이키 영상에 관한 대화가 전 세계 곳곳으로 퍼져나갔다. 그 대화는 점점 더 풍성해졌고, 그 파급효과가 월드컵 경기 전체로 퍼져나갔다.

스토리의 효과를 좀 더 높이고 싶다면 조직화 아이디어^{Organizing Idea} 개념을 이용하면 된다. 조직화 아이디어란 브랜드 헌장^{brand statement}이 아니라 경험을 고무시키는 동적인 표현이다.

코카콜라의 '행복을 열어요(Open Happiness)' 광고가 좋은 사례다. 이 문구는 참여와 경험을 이끌어낼 수 있는 동적인 표현이다. 코카콜라의 이 광고는 사람과 사람을 연결해주고, 그렇게 연결된 사람들은 그 광고의 일부가 되거나 그 광고에 힘을 실어준다.

이러한 논점을 보다 잘 파악할 수 있게 브랜드 마케팅 사례를 간단하게 살펴보자. 펩시의 '새로운 세대의 맛(Taste of a New Generation)'과 코카콜라의 '행복을 열어요'라는 광고를 비교해보자. 이 각각의 마케팅을 어떤 방향으로 이끌어나갈 수 있을까? 훨씬 더 동적으로 느껴지는 광고는 어느 쪽인가? 훨씬 더 이야기하기 쉽고, 관계를 맺기 쉬우며, 참여하기 쉬운 광고는 무엇인가?

코카콜라의 '행복을 열어요' 마케팅 플랫폼^{marketing platform}은 스토리텔링을 초월한 스토리두잉Storydoing이다. 행복을 '열려면' 실질적으로 뭔가를 해야 하기 때문이다.

소비자들은 점차 브랜드가 그들이 속한 부문에서 해야 할 일 이상을 하기를 기대한다. 그들은 코카콜라가 본질적인 관점에서 소비자들을 새롭게 만드는 일 이상을 하기를 바란다. 그렇기 때문에 우리는 지역 공동체 프로그램에 헌신하고 있다. 우리는 여성 평등을 지지하고, 여성 기업가의 창업 프로그램을 광범위하게 운영한다. HIV와 AIDS 치료제를 아프리카 전역에 자랑스럽게 배포하고, 브라질 정글 여기저기에 사는 아이들에게 깨끗한 식수를 제공하는 일에 투자한다. 청소년들과 엄마들은 모두 이렇게 말한다. '네, 우리는 당신 회사의 음료수를 살 거예요. 하지만 당신은 우리 지역 공동체에서 많은 일을 해서 우리 지역 공동체를 더 나은 곳으로 만드는 게 좋을 겁니다!' 스토리텔링이 딱딱하든 영감을 주든 상관없이 스토리텔링에서 실질적인 스토리두잉으로 나아가고자 하는 많은 브랜드의 사명이 바로 이것이라고 나는 생각한다. 브랜드가 전 세계의 여러 공동체에서 긍정적인 자리를 차지해야 할 필요성이 커지고 있기 때문이다.

– 조너선 마일덴홀

2

첫 키스처럼 잊지 못할
경험을 만들었는가?

경험은 스토리텔링의 효과를 증폭시킨다

모든 브랜드에는 스토리가 필요하다. 스토리가 브랜드와 소비자를 이어주는 강력한 도구 역할을 한다면 단순한 '연결'에 그치지 않고 깊은 '관계'로 발전시킬 수 있지 않을까? 바로 경험의 힘을 이용하면 된다. 경험은 스토리텔링의 효과를 증폭시킨다. 우리가 알고 있는 스토리텔링의 정의는 '사건들을 말과 이미지, 소리, 혹은 경험으로 남과 공유하는 것'이다. 이 과정에서 때때로 즉흥적 변주나 윤색이 일어나기도 한다. 스토리텔링의 정의에 나오는 가장 강력한 요소이면서도 대부분의 스토리에서 유일하게 비중에 비해 활용도가 낮은 것이 바로 경험이다. 스토리텔링은 그림과 말만 사용할 때보다 경험을 더하면 훨씬 더 강력해진다. 그러므로 공유 경험까지 창조하는 것이 최상의 스토리다.

사람들은 단순하게 이야기를 듣는 것만을 원하지 않는다. 그 스토리의 일부가 되고 싶어 한다. 과거에 우리가 익히 알던 마케팅 방식은 주로 말과 이미지를 이용해 메시지를 전달하는 것에 가까웠다. 그러한 방식은 거의 100년 동안 상당히 효과적이었다. 사람들은 지금도 여전히 그런 요소들을 사용하고 있고, 폭발적인 기술 발달에 힘입어 이제는 이야기하는 수준에서 소비자와 브랜드가 공유하는 경험을 만들어내는 수준으로 발전해왔다. 이렇게 끊임없이 나오는 경험이라는 요소는 왜 중요한 것일까? 보다 더 깊은 관계를 끌어내고, 그 관계를 오래 유지시키며, 충성도를 높여주기 때문이다.

스토리텔링이 아니라 스토리메이킹하라!

사람들은 다른 사람들의 이야기보다 자신의 이야기를 더 생생하게 기억하고 간직한다. 바로 자기가 직접 '경험한' 것이기 때문이다. 자신의 첫 키스가 어떠했는지 기억나는가? 누군가의 첫 키스를 아주 잘 묘사한 이야기를 읽을 때 어떻게 자신의 첫 키스가 마음속에 떠오르면서 그 이야기와 연결되는지 한번 생각해보자. 누군가의 첫 키스에 관한 근사한 영화, 그것도 뛰어난 연기력과 감독의 연출력, 촬영 기술로 제작된 영화를 본다면 어떨까? 그 영화와 연결될 뿐만 아니라 거기서 다음 단계로 올라서지 않겠는가? 친구의 첫 키스 이야기를 전해 듣는다면 어떨까? 이 경우에도 그 이야기와 연결된다. 자신이 아는 사람의 이야기라서 그렇기도 하고, 개인적 관계가 얽힌 이야기라서 더 흥미롭게 들리는 데다 남과 자신을 비교하고 싶은 사람의 본능 탓에 그 이야기와 더 깊게 연결된다.

그렇다면 남이 아니라 자신의 첫 키스는 어떨까? 자신의 첫 키스 경험이라…… 그건 지금 이 순간도 느낌이 생생하지 않은가? 누군가의 첫 키스 이야기를 읽고 보거나 듣는 것과는 다르다. 자신이 직접 경험한 일이기 때문이다. 첫 키스를 경험해보지 못한 사람은 다른 사람들의 첫 키스 이야기와 밀접하게 연결되지 못한다. 바로 이 때문에 마케팅 계획, 심지어 실행 모델working model을 구상할 때 경험이라는 요소를 고려해야 한다. 소비자들에게 여러분의 브랜드에 관해서 이러쿵저러쿵 이야기하기보다는 소비자들이 여러분의 브랜드와 '첫 키스' 하는 기회를 만드는 방법들을 찾아야 한다. 이것은 스토리텔링이 아니라 스토리메이킹story making이다. 이 둘은 크게 다르다. 할 수 있다면 첫 키스 경험을 여러 지역에서 다양한 방식으로 동시에 제공하는 마케팅을 지향해야 한다. 소비자들이 언제 어디서나 원할 때마다 여러분과 함께 경험할 수 있는 기회를 만들어야 한다.

첫 키스는 기억에 남는다. 첫 키스는 감성을 자극한다. 첫 키스는 뇌리에 새겨진다. 첫 키스는 새로운 상대를 만날 때마다 또다시 경험할 수 있다. 한 쌍의 새로운 입술에 가까이 다가갈 때마다 기대감이 부풀면서 모든 감각이 곤두선다. 이것이 바로 여러분 브랜드의 경험을 창출할 때마다 목표로 삼아야 하는 정서적이고 물리적인 반응이다. 인간의 본능이 발동하면서 모든 첫 키스 경험들이 마음속에서 재연된다. 당신이 다른 사람들보다 극적인 삶을 살았다면 인종이나 종교가 다른 사람과 첫 키스를 했을지도 모른다. 동성과 키스하는 것은 어떨까? 불륜 상대와의 첫 키스는 또 어떨까? 아니면 보다 더 진지한 순간, 병원 분만실에서 아이를 낳은 순간에 새 생명과 처음으로 키스하는 것은 어떨까? 이런 첫 키스들은 마음속에서 재연된다.

이렇게 사람들이 재연해보고 싶어 하는 첫 키스 같은 경험을 제공해야 한다. 사람들이 계속 되돌아가고 싶어 하고, 다양한 방식으로 다시 겪고 싶어 하는 브랜드 경험을 창조해야 하는 것이다. 다시 말해 브랜드는 더 많은 경험을 창조해 고객 충성도를 높여야 한다. 소비자들이 참여를 거듭할수록 소비자들은 여러분을 보다 더 잘 기억하고 여러분에게 충성한다. 이로써 소비자들의 '브랜드 연결brand connection'이 확장된다. 그러므로 계속 키스를 해야 한다!

경험은 지식을 얻고 구축하는 강력한 기반이다. 두 살배기 아이는 뜨거운 가스레인지를 만지지 말라는 말을 엄마한테서 쉰 번은 들었을 것이다. 그럼에도 결국은 만지고야 만다. 두 살배기 아이가 뜨거운 가스레인지를 만지는 바로 그 순간, 아이는 화상을 입고 그 경험이 아이의 뇌에 각인된다. 이런 경험은 아이의 이야기 중 일부가 되고, 반복 녹음된 테이프처럼 되풀이되는 엄마의 잔소리보다 더 깊이 아이의 뇌에 새겨진다. 이 이야기에서 아이 엄마는 스토리텔러이고, 아이는 스토리메이커이다.

왜 그럴까? 아이가 그 일을 직접 경험했기 때문이다. 이 아이의 경험은 앞으로 유용하게 쓰일 수 있고, 이야기를 할 때 유용한 지식이 된다. 어쩌면 작은 흉터까지 남길 수도 있다.

사람들은 네팔이나 상파울루, 혹은 브루클린에 관한 책을 읽어서 얻은 간접 경험보다 그곳들을 직접 여행해서 얻은 경험을 보다 더 생생하게 간직한다. 사람들은 또한 개인 경험들을 훨씬 잘 기억하고, 그러한 경험들을 다른 사람들과 나누며 그들에게도 그런 경험을 해보라고 부추길 가능성이 높다. 경험은 더 많은 스토리텔링을 낳는다. 기술이 발달하면서 경험은 더 큰 파문 효과를 일으킬 수 있다. 경험의 여파가 다양한 매체를 통해 사방으로 퍼져나가기 때문이다.

그런데 대체 무엇 때문에 스토리텔링에서 스토리스케이핑으로 나아가야 하는 걸까? 이러한 변화를 야기하는 몇 가지 요인들을 살펴보자.

소비자의 기대가 높아지고 있다

가장 문제가 되는 것은 상상을 초월할 정도로 높아진 소비자 기대다. 소비자 기대는 무척 빠르게 변할 뿐만 아니라 지나치다 싶을 정도로 끊임없이 새로운 기준을 세운다. 소비자들은 또한 양말에서 정당에 이르기까지 모든 것을 평가하고 분석하고 비평한다. 게다가 소비자와 콘텐츠의 관계가 새로워졌고, 동시에 그러한 관계를 공유함으로써 참여하라는 사회적 압력이 생겨났다. 소비자들은 자신들의 힘과 영향력을 행사할 수 있는 새로운 세계를 맞이했다.

오늘날 소비자들은 전화를 하려고 다이얼식 공중전화를 찾아 걸어가는 게 얼마나 익숙한 일이었는지를 까맣게 잊어버렸다. 당시에 공중전화로 전화를 하려면 동전이 필요했고, 통화 시간이 3분 이상 길어지면 또 다른 동전을 찾아 주머니를 뒤적거려야 했다. 요즘 소비자들은 전화를 하려고 줄을 선다는 게 무슨 말인지도 모른다. 현대의 소비자들은 휴대전화기로 공과금을 내고, 아이들이 있는 곳을 알아내며, 동영상을 찍고 편집하며, 여행 계획을 세운다. 심지어 휴대전화기가 저녁에 할 요리를 여러 가지 언어로 알려주기도 한다. 휴대전화기의 화면 한두 페이지를 넘기기만 하면 이 모든 것이 가능해진다. 뿐만 아니라 그 외에도 30억 가지 정도를 365일 내내 24시간 동안 할 수 있다. 사람들은 이처럼 편리한 생활에 아주 빠르게 적응해서 기대 심리가 크게 부풀어 올랐다. 만약 뭔가가 손가락을 놀리는 흐름을 방해한다면 전 세계가 다시 정상적으로 움직이기 시작하자마자 그 사실을 즉시 알게 될 것이다.

인터넷에 글을 올리고, 동영상으로 생중계를 하며, 트위터에서 트윗하는 것은 어떤 서비스와 제품, 브랜드에 관하여 다른 소비자의 의견을 듣는 방법들이다. 그리고 그들은 밤낮으로 의견을 주고받는다. 바로 이 때문에 어떤 제품이나 브랜드에 대한 호평과 악평이 실시간으로 인터넷에 오르내린다. 사람들은 소셜 미디어에서 소비자평을 올리고 읽거나 혹은 그 둘 중 하나를 할 수 있다. 대형 소매업체들과 서비스 업계는 소비자 평점을 잘 받으려고 애쓴다. 소셜 미디어에서 그런 소비자 평점을

찾을 수 없다면 전문적으로 서비스 리뷰를 하는 많은 추천 웹사이트와
리뷰 웹사이트를 찾아보기 바란다.

소비자가 곧 마케터이다

리뷰와 평점은 물론이고 이제는 브랜드에 관한 인식이나 콘텐츠도
회사가 단독으로 결정하지 못한다. 그럼 누가 결정한단 말인가? 바
로 소비자들이다. 오늘날에는 소비자들이 브랜드에 관한 방대한 콘
텐츠를 만들어낸다. 2008년에 소셜 미디어가 온라인 활동의 대세로
떠오르기 시작하면서 소비자와 브랜드의 관계가 극적으로 달라졌다.
소셜 미디어가 브랜드와 동등한 입장에서 브랜드와 직접 이야기하
고, 기술을 이용해 콘텐츠를 공유하고 평가하며 즐길 수 있는 기회를
소비자들에게 제공했다.

　이제 사람들은 얼마 전에 학교에서 브랜드 매니지먼트를 배울 때만
해도 상상조차 할 수 없었던 방식으로 브랜드와 상호작용을 한다. 예전
에는 기업이나 광고 저작권자의 허락 없이는 브랜드 로고를 마음대로 사
용할 수 없었으며 브랜드와 관련된 그 어떤 것도 만들어낼 수 없었다. 하
지만 지금은 다르다. 이제 브랜드는 소비자들의 것이다. 누구나 브랜드
에 관여할 수 있다. 기술이 발달하면서 소비자들은 브랜드 관련 콘텐츠
를 마음 내킬 때마다 스크린샷 기능으로 저장하거나 사진기로 촬영하여
퍼뜨릴 수 있다. 그리고 실제로 그렇게 한다.

이제 사용자들은 인스타그램(Instagram: 온라인으로 사진을 공유하는 소셜 네트워크 서비스-옮긴이)에서 해시태그 기능을 이용해 자기 사진들을 항목 별로 분류해 올린다. 이처럼 브랜드와 관련된 개인 사진들을 감시할 만 한 질 높은 통제 수단은 없다. 그러다 보니 그 내용이 적절하지 못하거나 심지어는 미성년자 관람불가 등급인 경우도 간혹 있다. 이 시대에는 브 랜드 소통이나 브랜드 경험과 브랜드 제품에 유익한 표현들은 물론이고 유해한 표현들도 자유롭게 표출된다.

예컨대 어떤 브랜드의 트위터 태그에는 어떤 사상이나 정치적 주장이 든 모두 넣을 수 있고, 그 어떤 소비자의 호평과 불평도 모두 넣을 수 있 다. 이제 브랜드는 소송을 제기하는 것이 아니라 소비자와 직접 상호작 용해야 한다. 오늘날에는 이러한 상호작용을 브랜드가 걸어가야 할 여정 의 일부로 생각한다. 페이스북 같은 서비스는 브랜드가 소비자들과 직 접 대화할 수 있게 해주고, 그런 소비자들이 좋든 싫든 상관없이 공유하 는 모든 경험과 소통할 수 있게 해준다. 공식적인 고객 서비스 시간은 이 제 아무 의미가 없다. 한 은행의 페이스북 페이지는 터무니없이 높은 수 수료에 관한 불평에 언제든지 대응해야 한다. 어느 건강식품 제조업체는 특정 정치인에 정치 기부금을 냈다고 비난받을 수도 있다. 어떤 자동차 제조업체는 생산 시설이 법에서 정한 표준에 부합하는지 의혹을 받을 수 도 있다. 이 모든 일은 전 세계에서 24시간 내내 초고속으로 마우스를 클 릭하는 수천 명의 사람들이 지켜보고 있는 공공 영역에서 일어난다.

영국항공British Airways은 한 고객이 가방을 잃어버리고 나서 소셜 미디어에 올린 글 때문에 곤욕을 치렀다. 이 고객은 영국항공의 서비스가 나쁘다는 불평을 소셜 미디어에 올렸는데, 영국항공의 소셜 미디어 모니터링이 특정 시간에만 이루어지기 때문에 답변을 받고 싶으면 나중에 다시 직접 글을 남겨야 한다는 메시지를 받았다. 이 일로 흥미로운 사건들이 잇달아 일어났다. 불평을 제기했던 고객이 자신의 트윗을 유료로(유료 광고를 하는 것과 같은 방식으로) 홍보했는데 그 대상이 영국항공이 중요하게 여기는 핵심 시장이었다. 그러자 영국항공에 대한 비난이 대대적으로 쏟아졌다. 고객이 가방을 잃어버린 일은 쉽게 처리할 수 있는 사소한 문제였는데 한 고객의 소셜 미디어 때문에 사회적 비난이 거세게 일어났다.

요즘에 소비자들이 만드는 콘텐츠는 유료로 홍보할 때 광고 못지않게 그 위력이 커진다. 사람들이 불만을 제기하려고 돈을 내는 것이 처음 있는 일은 아니지만 이제는 그 일이 훨씬 쉽고 역동적이며 강력해졌다. 뿐만 아니라 소비자들은 자신들의 콘텐츠를 이용해 브랜드와 대화를 나눌 수 있고, 자신들의 기대 심리를 서비스와 소셜 미디어 채널에 표현할 수 있음을 알고 있다.

실제로 모든 사람들이 인터넷 덕분에 훨씬 더 창의적으로 변했고, 표현이 풍부해졌다. 다양한 사진 앱이 등장하면서 카메라폰을 가진 사람들(사실상 모든 사람들)이 앤디 워홀^Andy Warhol이나 앤설 애덤스^Ansel Adams 같은 팝 아티스트로 변했다. 클릭해서 필터를 바꾸고 사진을 편집하는 도구들이 나오자 굉장히 매력적인 이미지를 만들어낼 수 있는 능력을 누구나 갖게 된 것이다.

무료에 안정적이기까지 한 블로그 플랫폼은 모든 사람들에게 작가가 되어 어떤 글이든 쓸 수 있는 기회를 제공한다. 누구나 사회를 비평하는 콘텐츠를 게시할 수 있고 무엇이든 미주알고주알 표현할 수도 있다. 특정 소비자 집단에게만 제품과 서비스 리뷰를 제공하는 블로그들도 있다. 예컨대 대디 블로그, 공예가 블로그, 싱글맘 블로그, 쌍둥이 부모 블로그, 자동차 애호가 블로그, 모피 애호가 블로그 등 엄청나게 많다. 또 사람들은 텔레비전 프로그램의 방영 취소를 막으려고 소셜 미디어 캠페인을 벌인다. 텔레비전 프로그램 하나를 에피소드별로 재생해서 보여주는 블로그도 있다. 그런 블로그에서는 팬들의 활기찬 대화가 몇 페이지씩 이어지고, 때로는 해당 프로그램의 작가와 배우들의 의견도 올라온다.

사람들은 예전과는 비교할 수 없을 정도로 훨씬 더 빨리 콘텐츠를 생산하고 소비한다. 이러한 변화는 광범위하게 일어나고 있으며 피하거나 막을 수 없다. 그러므로 그 변화에 발맞추어 발전해야 한다. 브랜드를 통제하려고 하지 말고 브랜드의 가능성을 끊임없이 확장시켜 나아가야 한다. 새로운 세계와 몰입할 수 있는 경험을 창조해서 보다 더 소비자의 적극적인 참여를 이끌어내는 능력을 키워야 한다.

소비자에게는 육감이 있다

이제 여러분은 경험의 힘과 연결되어 있다. 지금부터는 경험이 왜 그렇게 중요한지 알아보겠다. 우리가 마음을 활짝 열고 받아들여야 하는 명백하고도 중요한 사실이 하나 있다. 정보화 시대에는 '비밀이 없다'는 것이다. 요즘은 키보드를 치고 마우스로 클릭하거나 그보다 더 빈번하게 손가락 한두 개로 건드리고 밀어서 필요한 것을 무엇이든 얻는 '상시 접속 시대'이다. 고도화된 연결 상태 덕분에 소비자들은 즉각적인 반응이 가능해졌고, 결과적으로 점점 '빠꼼이'가 되어갔다.

소비자들은 어떤 브랜드에 관해서 알아야 하는 모든 것을 대략 4초 만에 느끼고 감지해낸다. 여러분 자신도 일상생활에서도 그런 일이 얼마나 생생하게 일어나는지 생각해보라. 아주 먼 곳으로 여행을 갔는데 그곳 말을 하지 못하거나 그곳의 문화를 잘 알지 못한다면 어떨까? 어느 쇼핑몰로 걸어 들어가 그냥 주변을 둘러보면서 어느 가게에 들어갈지 고민한다. 그러다가 어떤 가게 입구에 다가가자마자 그 가게가 자신 또는 자신의 어머니에게 '적합한지' 아닌지를 재빨리 파악할 수 있다. 뿐만 아니라 부유층을 위한 가게인지 서민들이 주로 이용하는 가게인지, 품질을 중시하는 가게인지, 고객을 생각하는 가게인지 등을 알아낼 수 있다. 소비자들은 무의식적으로 모든 오감五感, 그리고 육감을 동원해 그런 결론들을 내린다.

소비자들이 광고보다 경험을 원하는 이유는 인간의 본성에서 비롯된다. 사람들은 모두 끊임없이 자신에 관한 이야기를 쓰고 또 고쳐 쓰고 편집하며 꾸며내고 있다. 이것이 바로 사람들이 언제나 조율하고 다듬는 스토리다. 사람들은 절대 자신의 스토리에서 벗어나지 않는다. 영화를 보거나 책을 읽을 때, 혹은 비디오 게임을 할 때처럼 다른 이야기 속으로 뛰어드는 경우를 제외한다면 말이다. 그럴 경우에만 자신을 벗어던지고 적극적으로 현실을 멈춰놓을 수 있다.

그러나 나, 나, 나만 생각하며 살아가는 것이 인간의 본성이다. 여러분의 고객들만 그런 것이 아니라 모든 사람들이 그렇다. 사람들은 끊임없이 이런 생각을 한다. '나한테 좋은 게 뭐 있어?' '그 차에 타면 내 기분이 어떨까?' '그 일을 하면 다른 사람이 날 어떻게 볼까?' 다른 사람들의 머릿속에서 오가는 대화를 들을 수 있다면, 그 대화의 90퍼센트는 사무실에서 일어나는 일이나 고차원적인 이야기가 아니라 그들 자신에 관한 이야기일 것이다. 모든 사람들이 '나'를 위한 여행을 떠난다.

스토리텔링 전문가들은 청중과 연결되는 훌륭한 스토리의 주재료가 청중이 그 스토리 속에서 자신의 모습을 찾아낼 수 있도록 하는 것임을 잘 안다. 그래야 관련성 있는 스토리가 탄생한다. 괴물을 물리치는 이야기인지 생존 여행담인지, 아니면 잃어버린 사랑 이야기인지는 중요하지 않다. 매체나 형식과 상관없이 사람들은 책을 읽고 영화를 보거나 이야기를 들을 때 반드시 그 스토리 속에서 자신을 찾아볼 수 있어야 한다. 거기서 자신의 열망을 간파하는지, 자신의 결점이나 자기 내면의 악마를 보는지 그런 것들과 상관없이 자신의 일면을 엿볼 수만 있으면 된다. 이것이 바로 스토리의 힘이다. 기업이나 브랜드는 말 그대로 소비자 스토리의 일부가 되는 경우보다 더 강력하게 소비자와 연결될 수는 없다. 아주 간단하지 않은가?

경험으로 차별화하기 vs. 제품으로 차별화하기

우리를 찾아오는 고객들은 보통 두 그룹으로 나뉜다. A 그룹의 고객들은 경험에 기반한 차별화가 경쟁적 이점이 있다는 사실을 인정하고 그에 찬성한다. 한편 B 그룹의 고객들은 제품으로 경쟁력을 유지하고 소비자 기대를 충족시키고자 하는 사람들이다. 이들은 경쟁자들보다 더 나은 제품이나 서비스를 찾아내거나 그것을 극대화하고 싶어 한다. 우리가 이런 B 그룹 고객들을 대할 때는 특정 소비자의 기대와 행동을 가장 잘 이해하는 데 도움이 될 만한 연구를 깊이 파고든다. 소비자들이 경험에 중점을 두는 방향으로 변해가는 자신들의 모습을 떠올릴 수 있도록 도와주기도 한다.

소비자의 기대 심리가 현재의 실현 가능성을 뛰어넘는 경우도 있다. 예컨대 요즘 고객들은 온라인 매장에서 구매한 제품이 마음에 들지 않을 경우 동일 브랜드의 오프라인 매장에서 반품하고 싶어 할 것이다. 소비자 입장에서 본다면 더없이 논리적인 요구 같지 않은가? 소비자들은 이렇게 자문할 것이다. "내가 거래했던 온라인 매장과 똑같은 가게 아닌가?" 이처럼 간단한 소비자 기대가 실현된다면 그것은 기념비적인 일이 될 것이다. 이런 일이 일어나려면 각 매장의 재고 시스템을 모두 연결해야 할지도 모른다. 그렇다면 누가 이 제품의 판매 실적을 인정받을까? 매장 관리자? 아니면 회사 웹사이트 책임자? 이곳저곳으로 이동하는 재고는 어떻게 추적할 수 있을까?

이처럼 간단한 소비자 기대가 업계에 큰 혼란을 불러올 수 있다. 어떤 기업들은 이처럼 경험들을 연결하려는 노력이 아무런 이득도 없다고 판단하고 우선시하지 않는다. 반면에 다른 소매업체들보다 뒤처지지 않고 앞서 나가려면 그 일을 반드시 해야 하는 '필요악'이라고 생각하는 기업들도 있다. 똑똑한 기업들은 근사한 경험을 창조해야 경쟁 우위를 자주 얻을 거라는 사실을 잘 안다.

그렇다면 A 그룹 고객들은 어떨까? 이들은 경쟁자를 앞지르고 연관성 곡선relevancy curve에서 선두를 차지하는 데 이용할 만한 차별화된 경험들을 찾는다. 브랜드는 그 빛을 잃고 사라질 수 있기 때문에 완전히 새롭게 바뀌어야 하는데 광고로는 그렇게 할 수 없는 경우가 흔하다. 제품이, 혹은 제품이나 서비스를 둘러싼 경험이 연관성을 잃을 때도 기업은 연관성을 잃기 시작할 수 있다.

디즈니와 해나 바베라(Hanna-Barbera: 미국의 애니메이션 제작 회사—옮긴이)를 비교해보면 이해하기 쉽다. 둘 중 한 브랜드는 '패밀리 엔터테인먼트' 사업을 표방했다. 이 브랜드가 미키 마우스 만화만 고집하고 오늘날의 디즈니로 발전하기 위한 노력을 기울이지 않았다면 지금과 같은 눈부신 도약이나 발전은 없었을 것이다. 그런데 디즈니와 비슷했던 브랜드인 해나 바베라는 스스로를 '애니메이션 회사'로만 규정한 채 주어진 많은 기회들을 놓쳤다. 이 사례는 대형 브랜드들이 어떻게 연관성을 잃는지를 극명하게 보여준다.

비디오 대여회사 블록버스터Blockbuster는 어떠했던가? 많은 소규모 비디오 대여점이 사라져갈 때도 블록버스터는 길모퉁이마다 하나씩 자리하고 있었다. 전성기에는 자신들이 세상을 접수하기라도 한 것처럼 굴었다. 그런데 지금은 어떠한가? 블록버스터가 주변 환경이 어떻게 변하는지 살펴보기만 했어도 넷플릭스(Netflix: 인터넷 DVD 대여 사이트-옮긴이)나 로쿠(Roku: 인터넷 비디오 스트리밍 업체-옮긴이), 혹은 훌루(Hulu: 영화와 TV프로그램 등 동영상 서비스 사이트-옮긴이)에게 뒤처지지 않고 블록버스터가 직접 인터넷 상에서 자신의 비즈니스를 펼칠 아이디어를 생각해냈을 것이다. 그냥 소비자들에게 그들의 세계에 관해 물어보고 그들이 원하는 경험을 찾아내고 거기에 신경을 쓰기만 했다면 가능한 일이었다. 천재가 될 필요도 없었다. 그냥 소비자들만 연구하면 된다.

이렇기 때문에 경험, 그러니까 차별화된 경험에 중점을 두면 문화기술적 연구(ethnographic study : 참여 관찰이나 면접 방식을 동원하여 연구 대상을 서술하는 연구 방법-옮긴이)와 사회인류학, 제품 개발, 경험 디자인, 혁신에 발을 들여놓게 된다. 달리 말하면 깊이 있는 정보가 가득한 세계로 들어가는 것이다. 사람들의 행동과 기대 심리는 아주 빨리 변한다. 이러한 변화를 이끌어내는 가장 강력한 촉매제는 기술 혁신이다. 소비자의 행동을 예측하고 싶다면 소비자가 활용하는 기술의 진보를 주시해야 한다. 단순하게 광고 만드는 일만 하는 사람은 길모퉁이 가게로 사람들을 더 많이 끌어들이려고만 애쓰는 블록버스터에 가깝다. 이런 사람들은 스토리를 잃고 자신의 자리를 잃어버린다. 더 나아가 연관성을 잃고, 급기야 사업까지 잃어버린다.

베팅 회사의 신세계를 열다

Ladbrokes | 래드브룩스

베팅의 오래된 세계

래드브룩스는 영국의 오래된 베팅 회사 중 하나다. 예로부터 말과 목 축업에 관련된 회사일 뿐만 아니라 영국에서 베팅을 대중화하는 데 기여하기도 했다. 1886년 이래로 래드브룩스는 최고의 베팅 회사였 다. 국내 최대 식품점보다 래드브룩스 소매점이 더 많을 정도로 래드 브룩스가 도처에 있었다니 상상이 가는가? 번화가에 있는 래드브룩 스의 소매점 수가 약 3,000개에 달했을 정도이다. 100년이 넘는 세월 동안 사람들은 소매점이나 경마장에 가서 직접 베팅을 했다. 래드브 룩스는 항상 배당률을 제시하는 마케팅을 했다. 하지만 '5 대 1'이니 '7 대 5'니 하는 광고는 베팅 전문가와 수학자 같은 사람이나 이해할 수 있었다. 대부분을 차지하는 '그 밖에 다른 모든 사람들'을 끌어들이 려고 베팅 업계 전체는 치열하게 경쟁했다.

곧이어 공짜 베팅을 내건 광고가 나오기 시작했다. '가입하면 10회 공짜 베팅 제공'과 같은 광고들은 주로 텔레비전에 나왔다. 공짜 베팅 과 배당률에 관한 텔레비전 광고는 미국 텔레비전에 나오는 가이코 Geico 자동차 보험회사의 도마뱀 광고만큼이나 자주 영국 텔레비전에 등장했다. 텔레비전 베팅 광고치고는 굉장히 많은 것이다. 이처럼 많은 텔레비전 광고는 가격에 기반한 차별화를 부추기고 필연적으로 가격 할인 경쟁을 낳는다. 2009년까지는 모든 것이 이런 식으로 진행되었지만 디지털이라는 새로운 기회가 대두되면서 게임의 판도는 달라졌다.

최고 자리를 다시 찾을 수 있을까?

래드브룩스는 모두가 탐내는 업계 선두 자리를 경쟁자에게 빼앗겼다. 나이 든 주 고객들을 잃고 새로운 고객들을 끌어들이지 못했기 때문이다. 신규 고객들은 사실상 모든 것을 온라인이나 휴대전화로 구매했고, 직접 가게에 가서 물건을 사는 경우가 거의 없었다. 래드브룩스는 계속해서 금전적 보상을 내걸었다. 그렇게 해서 공짜 베팅을 원하는 고객 한 명을 끌어들여도 결국에는 공짜 베팅을 제공하는 다른 회사에 그 고객을 빼앗겼다. 그러다 보니 공짜 베팅을 쫓아다니는 고객만 생겨났다. 래드브룩스 브랜드와 소비자 사이에 진실한 감성적 연결은 존재하지 않았다. 결국 가치 또는 가격에 기반을 둔 차별화의 문제점이 불거졌다. 래드브룩스는 이보다 더 나은 방법을 찾아야 했다.

소비자와 관계를 맺는 더 나은 방법을 찾아라

우리는 래드브룩스의 사업 전략을 분석했다. 당시 래드브룩스 사업 전략은 디지털 관점을 중요하게 고려하지 않은 상태였다. 우리는 베팅 행위와 베팅의 감성적 측면을 조사했다. 사람들은 왜 베팅을 할까? 자신이 더 똑똑하다고 느끼고, 지적인 보상을 즐기고 싶어서 베팅을 한다. 베팅은 또한 친구들이나 직장 사람들과 함께하는 사회적 메커니즘의 일부가 되기도 한다. 하지만 우리는 사람들이 베팅을 하는 핵심 이유 중 하나인 감성적인 요소를 연구한 회사가 하나도 없다는 중요한 사실을 밝혀냈다. 사람들이 베팅을 하는 정서적인 이유는 바로 흥미진진하기 때문이다.

그러나 흥미진진함이라는 감성적 요소에 관한 스토리를 제시하는 베팅 브랜드는 하나도 없었다. 그래서 우리는 흥미진진함이 베팅의 핵심 요소이며 그 요소를 이용하는 사람이 아무도 없다고 래드브룩스를 설득했다. 그리고는 감성에 호소하는 스토리 차별화를 추진해나갈 강력한 영역을 찾아냈다. 또 그러한 흥미진진함을 전달할 방법과 좀 더 흥미진진한 경험을 만들어내는 데 필요한 것들을 마련했다.

우리는 거대하고 지능적인 기술 플랫폼을 구축해 실시간 거래를 가능하게 했다. 언제 어디서나 베팅할 수 있는 모바일 베팅 시스템도 만들었다. 본질적으로는 기술을 이용해 실시간 제품이나 서비스를 기반으로 베팅 정보를 더 깊이 있게 만들어 훨씬 더 수준 높고 역동적으로 베팅할 수 있도록 했다. 듣기만 해도 흥분되지 않는가! 그 후에는 흥미진진함에 관한 스토리를 만들어 배포했다. 이것이 바로 소비자들에게 게임 판도를 바꿔줄 수 있는 스토리이자 경험 공간Experience Space이다. 예컨대 래드브룩스에서 베팅하는 사람은 축구 경기 최종 점수나 전후반전의 각각 점수만이 아니라 축구 경기 전체에서 일어날 수 있는 700가지 이상의 세분화된 결과에 내기를 걸 수 있다. 이 얼마나 짜릿한 즐거움인가!

흥미진진함을 더욱 강화하라!

우리는 이러한 래드브룩스 스토리를 텔레비전 광고에 나오는 흥미로운 캐릭터가 그려진 포스터를 사방에 붙여 홍보하기보다는 커뮤니케이션 팀과 경험 디자인 팀을 모두 동원해 보다 더 다차원적으로 메시지를 제공했다. 예컨대 베팅하는 사람이 베팅 버튼을 누르면 '게임 온 Game On'이라는 문구가 번쩍하고 나타나 긴장감을 높이고 브랜드 스토리를 강화한다. 하지만 이것은 표면적인 변화에 불과하다. 우리는 단순하게 흥미진진함에 대해 이야기하는 것이 아니라 흥미진진함 그 자체를 제공한다. 베팅하는 사람이 스토리에 참여하도록 만들기 때문에 누가 이기는지는 중요하지 않다. 베팅하는 사람이 스토리에 참여한다는 것이 핵심이다. 이건 전례가 없는 방식이다. 베팅하는 사람은 어디에서나 스토리에 참여할 수 있다.

래드브룩스는 자사의 베팅 범주를 '라이브 확률' 베팅으로 재설정했다. 이제 래드브룩스의 소비자들은 모든 베팅 결과에 관한 정보가 실시간으로 업데이트되는 탄탄한 온라인 플랫폼에서 베팅을 한다. 래드브룩스는 실시간으로 달라지는 상황을 반영한 확률을 소비자들에게 알려준다. 소비자들은 이러한 실시간 정보를 휴대전화로도 확인할 수 있다. 이제는 '베팅 스코어'가 소비자들의 주머니 속에 들어 있는 셈이다.

새로 구축된 래드브룩스의 시스템은 축구 경기에서 어떻게 작용할까? 한 선수가 막 교체되거나 새로 투입된다면, 혹은 누군가가 광고 직전에 결정적인 득점 기회를 놓치거나 성공시킨다면 래드브룩스 텔레비전 광고가 실제 경기 상황을 구체적으로 반영하여 제안을 할 것이다. 물론 실시간으로 말이다. 이것은 래드브룩스의 알람 기능을 통해 실시간 베팅을 도와주기 때문에 역동적인 스토리이자 경험이 된다.

또 다른 예로, 전설적인 선수 웨인 루니$^{Wayne\ Rooney}$가 광고 몇 분 전에 출전했다고 해보자. 그 즉시 래드브룩스는 웨인 루니가 득점할 실시간 확률을 광고로 내보내고 100파운드를 걸며 베팅을 부추길 것이다. 이렇게 해서 축구 관람 경험에 새로운 차원의 흥미진진함이 더해지고, 대부분은 이 경험에 참여함으로써 흥미가 더욱 고조된다. 사람들은 어디서나 서로 소통하며 실시간으로 베팅할 수 있다. 베팅하는 사람은 경기를 직접 관람하든 텔레비전으로 시청하든, 혹은 가족들과 소풍을 가서 승률만 눈으로 읽고 있든 상관없이 그 스토리에 푹 빠져든다.

래드브룩스는 생각을 실질적으로 연결해서 몰입할 수 있는 새로운 경험의 세계를 창조해나갔다. 우리는 그 영역을 조사해서 간파해줄 전략가도 고용했다. 많은 디지털 업체들이 그들의 목표 대상을 '사용자'라고 부르지만 래드브룩스는 '사람'으로 대하고자 했다. 그래서 래드브룩스라는 브랜드에 참여하고 싶어 하는 소비자들의 방식을 정의하고 이해하는 일에 심리학자들을 참여시켰다. 미디어 조사 기관은 텔레비전만이 아니라 모든 마케팅 채널을 연구했다. 기술 전문가들은 앱과 플랫폼, 인터페이스, 그 밖에 더 많은 것들을 새롭게 연결하는 경험을 제공하는 시스템을 개발함으로써 제품을 강화했다. 작가와 미술 감독에게는 이야기를 공감하고 이해하기 쉽게, 그리고 매우 흥미진진하게 전달하는 일을 맡겼다.

래드브룩스, 다시 업계 1위를 탈환하다

우리는 낡은 브랜드를 다시 한 번 소비자와 연관성 있는 것으로 만드는 일부터 시작했다. 그러자 경험 공간이 완전히 달라졌다. 회원 가입률이 65퍼센트 상승하고, 디지털 스포츠 베팅 거래액이 34.5퍼센트 오른 데다 라이브 인플레이 베팅이 34.2퍼센트 상승하면서 래드브룩스는 1위 자리를 탈환했다.

게다가 이 스토리는 감성적인 차원에서도 큰 반향을 일으키고 있다. '베팅의 흥미진진함을 반영하는' 광고 효과 추적을 해보면 보통 경쟁업체의 경우에는 37퍼센트 상승하는 데 비해 래드브룩스는 54퍼센트 상승했고, 브랜드 선호도가 33퍼센트 증가하면서 래드브룩스는 선두 자리를 되찾았다. 게다가 래드브룩스에 관한 소문이 계속 퍼져나가면서 소셜 미디어 모니터링에 잡히는 래드브룩스 관련 정보가 래드브룩스의 최대 경쟁사보다 세 배나 더 많아졌다.

래드브룩스가 만들어낸 것은 경험의 세계이자 참여의 세계이다. 브랜드가 소비자 스토리의 일부가 되는 세계, 즉 새로운 세계를 실제로 창조했다. 이런 결과로 보아 분명한 사실은, 우리 같은 기업 경영진이 소비자를 진정으로 이해하며 몰입할 수 있는 경험과 연관성 있는 스토리에 중점을 둘 때 우리의 지위가 갱신되고 그에 따르는 재정적 이득이 상승한다는 것이다.

기술은 가능성을 현실화하는 도구다

기술이 있으면 굉장히 멋진 일들을 많이 해낼 수 있다. 그 멋진 일들은 '필요한 것'이거나 '원하는 것'에서 시작된다. 넘쳐나는 소비자 기대는, 예를 들어 '필요한 것'들의 리스트를 통해 모바일 뱅킹에 새로운 기능들을 추가하도록 만들었다. 이제는 법정 화폐인 수표 한 장을 촬영해서 무선으로 전송할 수 있다. 그러면 그 사진이 다운로드되어 컴퓨터 모니터에 뜨고, 친절하게도 드라이브인 은행 창구에서 이런 목소리가 흘러나온다. "알겠습니다. 이 금액을 손님 계좌에 입금하고 잔고를 정리해드리겠습니다." 실용성에 초점을 맞춘 끝내주게 멋진 일이 아닌가!

이런 기술이 존재한다면 정해진 절차에 따라 거래해야 하는 은행 창구 직원을 더 이상 상대하지 않아도 되기 때문에 편리하고 편안해진다. 이제는 수표를 촬영해서 예금할 수 있기 때문에 모바일 뱅킹 소프트웨어가 버벅거리다가 멈춰버리고 예금을 받지 않는다면 세상이 혼란스러워진다. "수표 사진을 사용하지 못한다니 그게 무슨 말이죠? 지금 진담으로 하는 소리예요? 난 차를 타고 지점으로 들어가야 한다고요. 내가 도착하면 그들이 이 일을 처리해줄 겁니다."

물론 기술만 가지고는 이런 가상 거래를 구현하지 못한다. 그 이면에는 '시스템 사고'를 필요로 하는 창의성의 또 다른 형태가 존재한다.

다시 말해 세상이 어떻게 움직일 수 있는지 혹은 어떻게 움직여야 하는지를 재구성하거나 다시 그려내는 인간의 경험과 상상력을 예리하게 파악하는 능력이 필요하다. 그렇다 해도 이런 아이디어들은 실현되지 않으면 아무런 가치가 없다. 그런 아이디어들을 실현하자면 몇 가지 도구가 필요하다. 기술이 바로 그 일을 가능하게 해주는 새로운 도구다.

최근 들어 기술이 발전하면서 배송 플랫폼platform of delivery이 훨씬 더 흥미로워지고 방대해지며 빨라졌고 동적이며 감각적으로 변했다. 기술 덕분에 개개인들이 대규모로 연결되고, 밀접한 관계와 공동체도 예전보다 훨씬 더 빠르고 쉽게 만들어진다. 그 결과 기술의 수용과 혁신 속도가 빨라지고, 그 기술을 사용하는 틈새 그룹niche group의 규모가 커질 것이다.

지금까지 경험으로 구축할 수 있는, 브랜드와 소비자의 강력한 감성적 연결을 강조했다. 하지만 이쯤에서 이런 의문이 들지도 모른다. 뭐가 그렇게 감성적인가? 기술에 관해서 그토록 개인적인 감정이 뭐가 있는가? 0과 1의 이진법으로 이루어진 디지털 세계가 따뜻하고 포근한 것은 아니지 않은가? 이것이 바로 이 책의 핵심이다. 전통적인 세계에서 스토리텔러들은 소통을 담당했고, 생산 직원들이나 사무 직원들이 제품과 시스템을 개발했다. 그러나 이제 이런 장벽을 무너뜨려야 한다. 뛰어난 최고 마케팅 책임자라면 제품 경험에 어떤 영향을 가하고자 한다. BMW를 몰고 나가서 '궁극의 드라이빙 머신입니다'라고 세상에 소개해놓고 엉터리 차를 만들 수는 없지 않은가? 그런 식으로는 오래가지 못한다.

　디지털 스토리텔링 시대에서는 브랜드가 소비자와 함께 경험을 만들어내는 힘을 갖고 있으며, 소비자는 단순하게 브랜드 스토리를 듣는 게 아니라 그 스토리의 일부가 되고 싶어 한다. 우리 모두는 이 사실을 인정해야 한다. 누구든지 그런 기회를 포착한다면 그때마다 몰입할 수 있는 경험과 인상적인 경험을 창조하는 일을 좀 더 자주 선택해야 한다. 소비자들은 브랜드에 관해 경험하기를 바란다. 행동이 말보다 더 큰 목소리를 낸다는 사실을 명심하자. 경험이 훨씬 더 강력하다. 진짜 경험을 대체할 수 있는 것은 없다. 그러므로 진짜 경험을 창조해야 한다.

　시장과 소비자가 기대하는 것의 변화를 살펴보고 나면 소비자들이 브랜드와 상호작용하고 함께 일하며 브랜드에 참여하고자 한다는 사실을 받아들이기 쉬워진다. 경험이 바로 기회지만 독자적으로는 존재할 수는 없다. 브랜드 가치와 의미 있는 관계를 창조하려면 경험이 고립되어서는 안 된다. 경험은 브랜드 스토리의 일부가 되어야 한다. 아니, 더 나아가 스토리 시스템의 일부가 되어야 한다. 그러므로 우리는 스토리의 힘과 경험의 힘, 그 이상에 중점을 두어야 한다. 새로운 '세계를 창조'하는 첫걸음을 내디뎌야 하는 것이다.

3

스토리텔링에서
스토리스케이핑으로 진화하기

앞에서 읽었듯이 광고를 만드는 스토리텔링이 오늘날 마케팅 비법의 3분의 1밖에 안 된다는 사실을 기억할 것이다. '세계'(브랜드와 소비자가 진정으로 소통하고 연결되는 새로운 세계)를 창조하는 나머지 3분의 2에서는 경험을 공유함으로써 진정한 소비자 연결이 이루어진다. 다시 말해서 성과를 내려면 몰입할 수 있는 경험으로 사람과 브랜드를 연결해줄 '세계'를 창조하는 일에 전념해야 한다. 광고를 만드는 낡은 마케팅 방법은 올바른 세계를 창조하는 일의 일부분으로, 지속성과 브랜드 충성, 어쩌면 브랜드 생존을 위한 시스템의 일부분이다. 그렇기 때문에 나머지 3분의 2 없이 3분의 1만 활용한다면 효과가 떨어진다.

브랜드 세계와 소비자 세계는 하나다

최근의 마케팅 서적과 블로그들을 읽다 보면 지금은 신세계이며, 과거는 중요하지 않고, 지금까지 했던 모든 것들을 던져버려야 한다는 메시지를 받을지도 모른다. 광고회사 선전을 들으면 디지털이 지금 이곳에 존재하고, 소셜 미디어가 중요한 수단이며, 다른 것은 모두 사라졌다는 메시지를 받을 수도 있다. 뉴스 채널의 인터뷰에서는 구세대를 시대에 뒤떨어진 사람이라고 비난하는 신세대와, 신세대를 일시적인 유행으로 치부하며 그들의 미성숙함과 지혜에 의문을 제기하는 구세대 간의 논쟁을 볼 수 있다.

물론 우리는 이런 이분법이나 흑백논리를 따르지 않는다. 한때 알았던 모든 것을 잊어버리는 것은 현명하지 못한 짓이다. 여러분이 브랜드와 제품, 서비스를 만들고 계획하고 배치하는 과거의 방식에서 깨달은 것들은 아직 유효하다. 이런 과거의 방식들은 세계를 창조하고 난 이후에 작동하기 시작하고, 여러분은 그 세계 속에서 연결 지점을 찾아내는 방법을 사람들에게 알려주어야 한다. 사실 구시대의 미디어와 새로운 미디어의 대결은 중요하지 않다. 어떤 방법이든 관대하게 받아들이면서 앞으로 나아가고자 하는 의지와 능력이 중요할 뿐이다.

이 책을 집어 든 사람들은 대부분 이미 구시대의 미디어와 새로운 미디어 가운데 어느 한쪽에 자리하고 있을 것이다. 그 중간에 있는 사람은 거의 없어 보인다. 이것이 바로 진짜 문제다. 자신이 따르는 방식을 고수

하려고 애쓸 게 아니라 세계를 창조하는 일을 하고 그냥 지켜봐야 한다. 그러면 구시대의 미디어와 새로운 미디어, 새로운 방식과 낡은 방식이 공존하면서 둘 사이에 벌어지는 전쟁은 눈앞에서 사라질 것이다. 앞서 말했듯이 이것은 혁신을 넘어선 진화다.

여기서 어려운 부분은 낡은 도구들 중에서 간직해야 할 것과 버려야 할 것을 가려내고, 여러분의 믿을 만한 공구 벨트에 새로 채워 넣을 것을 찾아내는 일이다. 이 답은 사람에 따라 달라지기 때문에 구체적으로 제시할 수 없다. 다만 여러분 스스로 답을 찾아내는 아주 간단한 방법을 보여주려고 한다.

우리는 문자로 스토리를 전하는 옛날 방식을 사용해왔고, 그렇게 하는 확실한 기술이 있다는 사실을 알고 있다. 또한 스토리를 좀 더 흥미롭게 만들기 위해 동영상을 추가하는 방법도 알고 있고, 그렇게 하는 기술도 물론 있다. 이제 디지털 기술과 미디어 세분화media fragmentation가 빠르게 진화하고 그 혜택이 광범위해지면서 많은 기업들이 낡은 것과 새 것의 격차를 줄여나가야 하는 문제에 직면해 있다. 우리는 소비자 행동과 기대 수준의 변화가 가장 큰 위협이 되는 동시에 사업에 가장 큰 기회를 제공한다고 생각한다. 세상은 빠르게 변하고 있다. 그러므로 급변하는 세상을 이용할 줄 알아야 한다.

여러분이 여행사와 레코드 가게, 서점, 비디오 대여점, 보험회사, 자동차 판매점에다 레스토랑까지 소유하고 있다고 가정해보자. 지난 5년 동안 여러분의 사업이 어떻게 변했는가? 많은 사람들이 실패한 반면 몇

몇 사람들은 성공했다. 승자와 생존자에 대해서 질문해보자. 그들이 자신의 포지셔닝(스토리)을 바꿈으로써 효과를 봤는가? 아니면 사업 자체를 아예 바꾸어서 성공했는가? 혹은 둘 다인가? 이것이 바로 기업이 진정으로 고민하는 문제이며, 쓰러질 거라고 전혀 예상하지 못했던 대기업들이 무너진 이유다.

이 문제를 해결하려면 경쟁자에게 쏠린 관심을 소비자에게 돌려서 소비자의 향후 기대와 행동에 초점을 맞추어야 한다는 사실을 우리는 알고 있다. 중대한 소통 아이디어만 있으면 단기적으로는 부적절한 징후들을 치유할 수 있다. 하지만 경험을 원하는 소비자의 기대에 부응하지 못하면 결국은 그 일을 해낸 다른 누군가에게 지고 만다. 광고도 물론 중요하지만 오늘날 사업을 추진해나가려면 광고에만 의지해서는 안 된다. 소통이 제대로 이루어지면서 동시에 사업의 모든 측면들이 연계되어 함께 움직이는 브랜드 세계를 창조하는 일에 시간을 투자해야 한다. 우리는 '올바른 세계를 창조하면 성공이 따라 온다'고 확신한다. 여러분의 세계가 잘 정의되고 협력을 통해 창조되어 체계적으로 연계되면 놀라운 결과가 나올 것이다!

세상을 이해하게끔 도와주는 스토리의 역할은 이미 살펴보았다. 경험의 힘이 개인적인 스토리를 만드는 한 방법이라는 사실도 강조했다. 이제부터는 미디어 계획과 비교하여 경험 공간이라는 개념을 소개하고자 한다. 경험 공간은 연결을 어떻게 구축하는지 알기 시작했다는 것을 보여주는 캔버스와 같다. 우선 광고업계의 미디어 중심 세계관에 수많은 구멍을 내는 일부터 시작해야 한다. 그런 근시안적 세계관은 새로운 세계를 창조하는 홍보 대행사와 광고업자에게 걸림돌이 되기 때문이다.

'사서 소유하고 획득한 구시대의 미디어'는 현실감이 떨어지기 때문에 여전히 불안정하다. 소비자 세계는 미디어만이 아니라 그 이상의 것들로 구성되어 있다. 게다가 미디어 계획을 위한 데이터베이스에 들어가 데이터 포인트^{data point} 몇 개를 입력하고 나서 소비자 영향력과 행동, 취향을 포함해서 소비자에 관한 세계 지도가 튀어나오기를 기대할 수는 없다. 이 미디어 계획의 데이터베이스는 일방적으로 메시지를 보낼 때 중요한 두 가지, 즉 매체 소비와 매체 도달 범위에 중점을 두고 있다. 따라서 소비자와 연결된 경험을 창조하는 데는 도움이 안 된다. 소비자가 바라고 기대하는 연결은 브랜드에 관련된 경험을 하는 것이다. 그러므로 소비자들에게 그러한 경험을 제공하려면 연결 계획을 재수립해야 한다.

설계된 세계

지금까지 스토리를 이용해서 우리가 사는 세상을 이해하는 방법을 살펴보았다. 물리적 공간과 가상공간을 가로질러서 감성적 공간을 통해 연결되는 스토리는 분명히 모든 것을 더 잘 이해할 수 있게 해준다. 그뿐만 아니라 모든 것과 연결해준다. 이것이 바로 경험 공간이고, 경험 공간은 세계를 효과적으로 정의한다. 세계를 완벽하게 묘사하려면 생각을 불러일으키는 것 이상의 노력이 필요하다. 세계는 말보다 훨씬 더 강력하기 때문이다. 그곳에는 사람들이 일부가 되고 싶어 하는 스토리들이 있다. 세계는 스토리 시스템으로 만들어진다. 그렇기 때문에 단순한 줄거리나 미디어 계획으로는 세계를 창조할 수 없다. 세계는 사람들이 브랜드와 상호작용을 즐기는 다수의 흥미로운 공간들로 구성되어 있다. 또한 세계는 브랜드에 몰입할 수 있고 브랜드와 협력적인 방식으로 연결될 기회를 사람들에게 제공한다. 세계는 안내를 받아 움직이는 동시에 자유롭게 흘러간다. 그곳에서 소통과 비즈니스의 진정한 연결이 이루어진다. 세계는 브랜드와 소비자가 공존하는 곳이다.

이 세계를 보다 더 잘 이해하고 싶다면 그곳을 경험 공간, 다시 말하자면 브랜드와 사람들이 서로 연결되고 참여하며 활동하는 캔버스라고 생각하자. 이런 경험 공간은 물리적 공간과 가상공간을 가로지르며 감성적 공간을 통해 연결된다.

지금부터 이 경험 공간을 자세히 살펴보자. 어떤 사람이 책상과 컴퓨터, 그 밖에 흔히 볼 수 있는 사무용 비품들이 마련된 사무실에서 의자에 앉아 이 책을 읽고 있다고 가정해보자. 이것은 물리적 공간에서 일어나는 일이다. 이와 동시에 이 사람의 머릿속에서는 이런 독백이 이어지고 있다. '그 제안서를 자넷에게 보내야 그녀가 그걸 살펴보고 쿠엔틴에게 넘겨줄 수 있어. 이 거래를 진짜 마무리 지어야 하는데……. 앙드레의 생일이 내일이구나……. 이번 주말 날씨가 여행하기 적당하면 좋겠는데…….' 이 사람은 자기 집 주인의 담보대출 상태를 온라인으로 확인하고, 상사의 이메일을 읽고, 주식시장 지수가 얼마로 마감했는지 살펴보는 동안 이 모든 생각을 한다. 이것은 가상공간이라는 차원에서 일어나는 일이다.

이처럼 사람들은 물리적 공간과 자기 마음속에 동시에 살고 있다. 오늘날 사람들이 살아가고 일하는 상시 접속 환경의 특징은 바로 이렇게 다른 차원을 넘나드는 능력 때문이다. 바로 이 능력 덕분에 사람들은 훌륭한 제품과 훌륭한 스토리를 모두 보유할 수 있고, 브랜드 세계 안에서 몰입 경험의 힘을 이용해 공유 스토리를 창조해낸다. 따라서 우리는 스토리의 힘과 경험의 필요성을 모두 이용해서 브랜드를 차별화해야 한다. 우리가 하는 모든 일이 물리적 공간과 가상공간, 늘 존재하는 감성적 공간을 모두 차지해야 한다는 사실을 명심하기 바란다. 다시 말해서 그 모든 일이 온라인과 오프라인에서, 혹은 직장에서 이루어져야 한다.

미디어를 넘어 경험 공간을 확장하라

전통적인 홍보 대행사 영역에서는 접하지 못했던 능력이 있다. 심지어는 존재하는지도 몰랐던 능력이다. 그 숨겨진 보물들은 사피언트니트로의 창립자들이 기술 자문을 하던 시절로부터 발전했다. 제리와 스튜어트는 고객사들이 소비자들에게 채택되지 않거나 그다지 가치를 주지 못하는 시스템들을 구축하기 위해 엄청난 노력을 쏟아 붓는다고 믿었다. 크리에이티브 디렉터들이 광고를 '공기'처럼 여기고 그것을 끊임없이 평가하는 것처럼 제리와 스튜어트는 훌륭한 디자인이 커다란 사업적 이점이라고 확신했다. 상당히 유쾌하고 독창적이고 재미있으며 실제로 감성적 공간에 의지하는 광고들을 종종 보게 된다. 하지만 이런 광고들은 브랜드의 역할이나 제품의 역할을 효과적으로 설명해주지 못한다. 상당히 흥미롭거나 눈길을 사로잡지만 단순한 이야기만 전달하는 작품도 있다. 이런 광고들은 재미있고 인상 깊은 장면들 덕분에 사랑받지만 그와 연관된 브랜드를 떠오르게 하지 못한다.

그렇다면 이런 재미있는 광고들은 회사와 결부된 다른 모든 것들과 어떻게 연결되는가? 매장에서 이런 경험을 제공할 수 없다면 무슨 소용이 있겠는가? 경험 렌즈를 줌아웃해서 1차원 이상으로 연결될 만한 새로운 가능성들을 찾아야 한다. 최고의 도달 범위와 빈도를 찾아내 단순한 선형적linear 광고를 올리는 예전 방식은 이제 적합하지 않다. 연결 지점들은 미디어만이 아니라 그보다 훨씬 많은 곳에 존재한다. 사실 온 천지에 있다!

여러분의 행동이 모든 소통과 여러분에 대한 주변 사람들의 인식을 결정짓는다. 여러분의 소통 하나하나가 연결 지점이 될 수 있다! 여러분의 회사 직원들이 브랜드에 대한 인식을 갖고 있고 그것을 공유한다고 생각하는가? 물론이다! 회사 직원들이야말로 브랜드와 가장 빈번하게 개인적인 관계를 맺는 사람들이다. 따라서 회사 내부를 먼저 살펴보는 게 좋지 않을까? 직원들은 여러분을 어떻게 평가하는가? 회사의 인사 정책은 어떻고, 이직률은 어느 정도인가? 여러분 회사의 직원들이 회사의 목적을 믿고 그에 따라 행동하는가? 아니면 여러분의 약점을 폭로하는가? 내부의 행동과 그려내고자 하는 외적 이미지를 일치시키자.

경쟁이 치열해지면 스토리를 강화해야 한다

기술의 발달로 신규 브랜드 론칭에 필요한 예전의 많은 장벽들이 무너졌다. 지난 수십 년 동안 기업이 자사 브랜드를 시장에 내놓으려면 상당히 많은 부동산과 유형자산이 필요했다. 그러나 지금은 집에서도 브랜드를 출시할 수 있다. 21세기 이전에는 주로 어떤 사람들이 창업에 대해 논의했는가? 역사를 돌이켜보면 대기업들만이 새로운 브랜드를 출시했다. 그러나 강력한 추진 엔진을 갖고 있던 대기업들도 거의 살아남지 못했다.

소규모 기업들은 지리적 이점으로 무장하면 성공할 수 있다. 생산비와 보관비, 광고비, 멀리 사는 소비자들에게 제품을 보내는 운송비는 사실 너무 비싸다. 소규모 기업들이 대기업들과 경쟁하려면 많은 양의 제품을 생산해야 한다는 규모의 경제라는 장벽이 요즘에는 예전만큼 위협적이지 않다. 재정 지원을 받을 수 있는 방법이 훨씬 다양해졌고, 더 많은 협력자들을 찾을 수 있기 때문이다. 기술의 발달 덕분에 총 경비가 수백만 달러씩 감소했고, 규모와 관계없이 기업들은 많은 자금을 비축할 수 있게 되었다. 자원들이 개방되고 시장 진입 속도가 빨라져 기업 환경이 좋아졌다.

기업가의 길은 한때 외로운 길이었다. 하지만 지금은 그렇지 않다. 기업가들은 예전보다 훨씬 더 많이 연결되어 있기 때문에 구체적 계획들과 성공이나 실패 경험들을 다른 사람들과 공유한다. 창업 네트워킹 관련 이벤트는 아직 구체화되지도 않은 신규 사업의 초기 단계에 직접 대화를 나누고 답을 얻을 수 있는 곳이기 때문에 상당히 요긴하다. 다른 사람들의 실수에서 타산지석의 교훈을 얻거나 실패한 창업 아이디어들을 다시 써먹고 되살리는 네트워킹 그룹들도 있다.

많은 네트워킹 그룹들이 지역 안에서 혹은 전 세계적으로 모임을 열고, 아주 중요하고 포괄적인 주제인 투명성^{transparency}에 깊은 관심을 갖고 있다. 투명성은 꾸준히 제기되는 익숙한 주제이다. 이렇게 다른 사람들을 돕는 일에 초점을 맞추면서 그리고 그들을 돕는 과정에서 누구든지 성공할 수 있다는 자각이 생겨난 것 같다. 커뮤니티^{community}라는 단어는 'comm(공통이나 소통, 혹은 둘 다를 뜻하는 말)'과 'unity(단일)'가 합쳐진 것이다. 이것은 우연이 아니다. 네트워킹은 기업가들을 공통의 목적과 그 목적에 관한 소통으로 묶어준다. 게다가 노트북에 내장된 비디오카메라로 화상 대화가 가능한 무료 접속 플랫폼들이 다양하기 때문에 기업가들끼리 쉽게 연결될 수 있다. 많은 기업가들이 다른 사람들의 아이디어를 키워나가는 일에 익숙하다는 것도 이와 같은 맥락에서 이해하면 된다.

아마도 이런 통합 에너지는 요가(합일을 의미함)를 전 세계로 퍼뜨린 인도에서 시작되었을 것이다. 이런 물결은 마케팅에 접근하는 방법뿐만 아니라 사업 운영 방식을 재구상할 때도 고려해볼 만한 것이다. 매일 받아보는 『월스트리트 저널』을 재활용 쓰레기통에 던져 넣은 후에 영성과 명상에 관한 책이 많은 뉴 에이지 서점을 찾아가보는 것은 어떨까? 그곳에서 일체감^{oneness}과 협력, 공동체의 근원적인 에너지에 관해서 간단하지만 의미 있는 교훈을 얻을지도 모르니까 말이다.

독일 작가 에크하르트 톨레^{Eckhart Tolle}의 《삶으로 다시 떠오르기(A New Earth)》를 읽어보기 바란다. 에크하르트의 주장은 어느 정도 신뢰할 만하다. 오프라 윈프리^{Oprah Winfrey}는 그를 자신의 쇼에 게스트로 초대했고 인터넷 사이트에 세미나 시리즈까지 만들었다. 독자들은 그 온라인 세미나에서 워크북과 추가 연습 과제, 영적 각성에 관한 정보들을 얻어서 협력과 일체감에 관한 에크하르트의 주장을 접할 수 있다. '오프라와 에크하르트의 새로운 지구^{Oprah and Eckhart's A New Earth}'라는 웹캐스트는 처음에 오프라 북클럽의 일부로 시작했고, 한 회 방송에서 에크하르트의 책을 한 챕터씩 다루었다. 이 시리즈는 지금도 오프라의 홈페이지에서 찾아볼 수 있다.

투명성이 높아지고 진정한 협력이 가능해지면서 시장 진입이 훨씬 쉬워졌다. 하지만 시장 진입이 쉬워지면서 경쟁도 치열해졌다. 이것은 좋지도 나쁘지도 않은 변화다. 이러한 변화를 바라보는 시각과 대처 방법이 달라질 뿐이다. 경쟁이 치열해지면 스토리를 강화해야 한다. 많은 인파를 뚫고 나가 바다를 가르려면 계속해서 메시지를 명쾌하고 효과적으로 만들어야 한다.

소비자들은 여러분의 스토리 속에 있는 것처럼 느끼고 싶어 한다. 그들은 브랜드와 브랜드 이면의 기업까지 몸으로 느낄 만큼 경험해야 한다. 소비자들의 브랜드 몰입이 목적인데, 전면적으로 압박하는 구식 방법들은 도움이 되지 않는다. 강력한 압박에 끌려 제품을 구매한 소비자들이 향후에 그 제품을 사용할 가능성은 크지 않다. 그러므로 천천히 가야 최상의 결과가 나온다고 확신하면서 전략적으로 훈련받고 헌신적으로 몰두하는 잘 조율된 현명한 운동선수가 되어야 한다. 단기간에 빨리 판매하는 데 주력하는 기부 펀드 프로젝트들은 사실상 소비자를 만족시키는 일에 쏟아야 할 관심을 다른 데로 돌려버린다. 소비자들은 만족감을 얻어야 즐겁게 참여하고 제품 사용 후기를 좋게 퍼뜨린다. 토끼와 거북이 이야기를 다시 읽어보고 '느려도 꾸준히 가는 자가 경주에서 이긴다'는 사실을 떠올려보기 바란다.

미디어의 세분화? 경험의 세분화!

모든 사람들이 미디어 세분화가 커뮤니케이션 공간에서 어떻게 새로운 과제를 만들어내는지 이야기한다. 하지만 그 이야기들은 모두 틀렸다. 사실 진짜 문제는 미디어의 세분화가 아니라 경험의 세분화에 있다. 마케팅은 더 이상 선형적이지 않고 예측 가능하지도 않다.

1980년대 초반으로 돌아가보자. 텔레비전 황금 시간대를 예로 들어보겠다. 이 경우에는 습관의 동물이 되어버린 시청자들에게 의지할 수 있었다. 시청률 조사기관 닐슨Nielsen에 따르면, 당시에는 가족들이 대부분 텔레비전 앞 소파에 앉아 식사를 하면서 좋아하는 프로그램을 보며 저녁 시간을 보낸다는 사실을 추측할 수 있다. 이와 비슷하게 라디오에서는 출퇴근 시간에 방송되는 광고에 의지했다. 그 시절에는 특정한 날, 특정한 시간에 특정 시청자들이나 청취자들을 겨냥하는 선형적 경험이 존재했다. 대부분의 커뮤니케이션 전략과 미디어 광고 구매가 그런 식으로 이루어졌다. 실제로 특정 시청자나 청취자, 혹은 제품에 가장 적합한 매체를 하나 선택해 특정한 시간에 배치할 수 있었고, 모든 것을 시작과 중간, 끝으로 구성할 수 있었다. 여기서 끝은 마침표가 찍히는 진짜 끝이었다.

사람의 수와 시간은 한정되어 있다. 사람들의 여가 시간은 한정돼 있고, 인터넷에서 얼마나 많은 시간을 보내는지에 사람들의 관심이 쏠리고 있다. 사람들이 텔레비전을 보고 신문을 읽고 라디오를 듣는 시간은 점점 더 줄어들 것이다. 그러나 텔레비전 시청 시간은 사실 크게 달라지지 않았다. 하지만 사람들이 인터넷이나 모바일 기기를 사용하는 시간은 급격하게 늘어났다. 신문은 하룻밤 사이에 증발해버렸다. 구독자 수가 감소했을 뿐더러 수익 구조가 최악이기 때문이다. 왜 그렇게 됐을까? 신문의 주 수입원이 안내 광고였는데, 이제는 이베이(eBAY: 온라인 경매 및 인터넷 쇼핑몰 사이트—옮긴이)나 크레이그리스트(Craigslist: 무료 광고 게재 및 생활정보 사이트—옮긴이)에서 모든 것을 구할 수 있게 되자 신문의 안내 광고는 무의미해졌기 때문이다. 신문의 구독자 수는 중요한 문제가 아니었다.

진짜 타격을 입은 분야는 일반적이고 엄선되지 않는 내용을 담은 출판 분야다. 이제는 사람들이 직접 정보를 엄선하여 얻을 수 있기 때문이다. 소비자들은 이리저리 다니며 원하는 것을 무엇이든 다 얻을 수 있다. 그러므로 단순히 선형적인 스토리를 내놓아서는 안 된다. 비선형적인 스토리 시스템이 필요하다.

사람들은 어떤 스토리에 열광하는가?

온 세상을 유심히 들여다보기 시작하면 사람들이 단순하게 더 많은 것을 소비하고 있다는 흥미로운 사실이 보인다. 요즘 사람들에게는 시간이 더 많다. 이상하게 들릴지도 모르지만 사실이 그렇다. 여러 가지 작업을 동시에 실행하는 멀티태스킹이 발달했기 때문이다. 사람들은 밥을 먹으면서도 일을 한다. 사람들은 텔레비전을 보면서 인터넷 서핑을 하며 쇼핑을 하거나 노트북과 태블릿, 혹은 스마트폰으로 끊임없이 업데이트한다. 요즘 사람들은 이 모든 것들이 연결된 경험들을 하고 있으며, 항상 그 각각의 경험 공간을 드나든다. 그런 경험들을 이해하거나 연결하는 방법을 누가 알아낼 수 있을까? 여러 미디어가 교차하고 혼재되어 있는 미디어 환경에서의 스토리텔링이나 단순한 선형적 내러티브에서 탈피한 이별세계에 대해서 배워야 할 것들이 아직 많이 남아 있다. 이 세계에서는 각각의 상호작용이 전체 스토리에서 한몫을 한다. 여러분이 원하는 것이 바로 이런 세계다. 다시 말하자면 이것이 바로 스토리 시스템이다.

사람들은 이런 의문을 자주 던진다. "잡동사니들 사이에서 어떻게 하면 군계일학처럼 눈에 띌 수 있을까?" 대부분은 더 나은 스토리가 필요하고, 보다 더 전략적으로 미디어를 선택해야 하며, 다른 사람들이 오른쪽으로 갈 때 왼쪽으로 가야 한다고 대답할 것이다. 하지만 모든 사람들이 거기에 찬성하는 것은 아니다. 세계적으로 성공한 소수의 일류 기업들은 다른 이야기를 한다. 즉, 이 세계에는 잡동사니가 없고, 소비자들은 거기에 압도당하지 않는다고 믿는다. 성공한 기업들은 사람들이 주의를 기울여야 할 것과 그렇지 않을 것을 구분하고 통제할 수 있다고 생각한다. 이것은 앞서 언급했던 육감과 관련이 있다.

요즘 사람들은 잡동사니들을 걸러내는 아주 정교한 기계와 같다. 그래서 자신들이 관심을 갖는 정보만 수집한다. 그러므로 여러분의 메시지가 잡동사니들 사이에서 두드러져 보이도록 만들려고 애쓸 게 아니라 소비자들이 받아들이고 관심을 갖도록 만들어야 한다. 이런 주장은 비비안 웨스트우드^{Vivienne Westwood}의 말처럼 '또 다른 싸구려 곰 인형을 만들어 파는 것'이 아니라 목적 지향적인 아이디어로 거슬러 올라간다. 소비자들은 10억분의 1초 간격으로 '왜 너를 내 세계의 일부로 받아들여야 하지?'라고 자문하면서 기업가들을 걸러낸다. 이것이 바로 소비자들이 던지는 질문이다. 잡동사니들 사이에서 튀어보겠다고 요란스럽게 스토리를 외쳐대며 악을 쓸수록 무시당할 가능성이 높아진다. 이런 사람은 불쾌한 것들의 바다에 떠 있는 또 하나의 '유쾌하지 못한' 존재에 불과하기 때문이다. 참으로 역설적이지 않은가? 사실 광고를 보고 싶어 하는 사람은 없다. 하지만 사람들이 찾아내서 다른 사람에게 건네주며 '이거 봤어?'라고 물어보는 광고들은 분명 있다.

브랜드는 콘텐츠도 생산해야 한다

오늘날 소비자는 방대한 콘텐츠의 공급자이자 수용자이기도 하다. 소비자는 언제나 신선한 콘텐츠를 더 많이 얻고 싶어 한다. 이 때문에 브랜드는 소비자들이 편집 가능한 콘텐츠를 계속 제공해야 하는 특이한 입장에 처하게 되었다. 현대인의 필수품이 되어버린 트위터 계정과 페이스북 페이지, 인스타그램 덕분에 각종 브랜드는 추종자들을 잃지 않으려고 편집 가능한 콘텐츠를 만들어야 하는 새로운 책임을 떠안게 되었다. 브랜드의 정수는 디자인과 제품으로 규정되곤 했는데 이제는 콘텐츠를 관리하고 생산하며 거의 매일 전달하는 능력도 브랜드의 정수를 가늠하는 기준이 되었다.

브랜드에 대해 무엇을 이야기할 것인가?

앞에서 첫 키스에 비유해 '경험의 힘'을 강조했다. 또한 브랜드를 한 단계 끌어올리는 '경험 기반 차별화'도 언급했다. 이 두 가지는 모두 훌륭한 도구다. 그렇다! 스토리스케이핑은 바로 이 두 가지 도구를 이용하고 그 힘을 결합하는 것이다. 차별화된 제품이나 제공물, 혹은 서비스는 복제하기 쉽다. 한 백화점에서 대리주차 서비스를 제공하면 2주 안에 다른 모든 백화점에서 그 서비스를 제공할 수 있다. 대리주차 서비스를 처음 제공한 백화점은 선발 주자이자 자사의 경험을 차별화했다는 사실에 힘입어 어느 정도 이점을 얻겠지만 그것은 일시적이다. 그러므로 자기 브랜드에 관해 뭔가를 이야기할 수 있는 기회를 만들어야 한다. 그런 이야기는 자사의 기업 정신과 목적을 뒷받침하는 다른 행동들로 강화할 수 있기 때문에 지속 가능성이 훨씬 크다. 다른 누군가가 한다고 해서 따라한다면 그것으로는 턱없이 부족하다.

브랜드가 예전보다 훨씬 많아졌다. 소비자들을 이런 브랜드에 데려다주는 고속도로가 계속해서 만들어지고 연결되며, 그러한 고속도로의 진입로도 늘어나고 있다. 검색엔진의 바다라고 할 만큼 검색엔진도 많아졌다. 매우 강력하고 인기 있는 어느 브랜드의 경우 그 이름이 동사가 되었다. 이제는 그 이름이 사전에 등재됐고, 지금도 계속해서 전 세계 사람들에게 원하는 답을 찾아주고, 사람들을 다른 모든 브랜드로 안내한다. 이것이 바로 구글^{Google}이 창조한 검색의 힘이자 완전히 차원이 다른 마케팅이다.

인터넷은 자신이 낳은 디지털 결과물들로 만들어진 하나의 거대한 미술관이다. 이 미술관은 끊임없이 변하며 그 끝을 알 수 없는 스토리텔링의 캔버스이다. 그리고 1센티미터도 빈 공간 없이 가득 차 있다. 문제는 복잡한 그 속에서 참여를 이끌어낼 만한 콘텐츠를 발견하는 능력을 갖추는 일이다.

그 해결책은 스토리를 더욱 전략적으로 이용해 복잡성을 이해하는 것이다. 스토리가 주변 세상을 이해할 수 있게 도와준다는 사실을 명심하기 바란다. 점점 더 복잡해지는 세상에서는 더 나은 스토리를 이용할 수 있어야 한다. 파괴를 하나의 전술로 삼던 시절은 먼지가 되어 사라졌다. 모든 채널이 사람들에게 만족할 만한 수준의 참여 경험을 제공할 수는 없다. '두 번 클릭하면 사라진다'는 개념을 던져버리자. 마음을 열어 몇몇 채널들은 소비자의 참여를 이끌어낼 콘텐츠를 가리키는 표지판이나 우회로라는 개념을 받아들이자. 그 과정이 선형 구조로 존재하지 않는다는 점도 인정하자. 소비자들이 언제 어떻게 거대한 미술관에 도착할지, 어떤 캔버스가 그들의 참여를 이끌어낼지는 아무도 모른다. 그러므로 모든 브랜드 접점은 반드시 스토리 시스템에서 목적에 이바지하는 역할을 해야 한다.

스토리가 기술에 영감을 주는가? 아니면 그 반대인가?

때로는 신기술이 기업 역사상 거의 모든 변화 장면에서 주요한 자리를 차지하는 원동력처럼 느껴진다. 자신에게 이 핵심적인 질문을 던져보자. "스토리는 기술에서 영감을 얻어 생겨날까? 아니면 기술이 스토리에서 영감을 얻어 생겨날까?" 어떤 생각이 떠오르는가? '닭이 먼저냐, 달걀이 먼저냐?'라는 오래된 의문보다는 훨씬 입증하기 쉽지만 사업 전략을 구상할 때 심각하게 고민해야 할 중요한 요소다.

　제임스 캐머런$^{James Cameron}$을 예로 들어보자. 제임스 캐머런은 〈아바타(Avatar)〉의 시나리오를 영화로 제작하기 15년 전에 이미 완성했다. 영화로 실감나면서 매혹적으로 표현할 수 있는 기술이 없었기 때문에 그 시나리오는 오랜 시간 동안 서랍 속에 처박혀 있었다. 즉 제임스 캐머런은 적합한 기술이 등장할 때까지 기다렸다. 한편으로는 적절한 효과를 구현할 새로운 기술과 기법을 고안해내기도 했다. 스윙 카메라$^{swing\ camera}$가 그중 하나였다. 얼굴 표정을 기록하는 헤드리그$^{head\ rig}$도 캐머런이 새롭게 찾아낸 해결책 가운데 하나였다. 이와 반대로 제임스 캐머런의 시선을 끈 신기술이 스토리에 새로운 비전을 제시한 사례도 많다. 영화 〈어비스 (The Abyss)〉(1989년 만들어진 영화로, 우리나라에서는 '심연'이라는 제목으로 개봉됨-옮긴이)에 등장하는 액체 형태의 괴물이 그렇다.

이 논리가 타당한지 알아보기 위해 캐머런의 작품들을 좀 더 깊이 살펴보자. 〈터미네이터(Terminator, 1편과 2편)〉와 〈에이리언(Aliens)〉, 〈타이타닉(Titanic)〉은 당시에는 최첨단 영화였다. 물론 그 이후 〈아바타〉라는 잊지 못할 영화를 만들기도 했다. 제임스 캐머런은 이 모든 블록버스터 영화들의 제작자이자 자신만의 리그(자신의 공상과학 기술 개발자들로 구성된 리그)에 선 사람이라고 할 수도 있다. 캐머런은 스토리텔러이면서 동시에 시스템 사고자이자 창의적인 공학자이며 발명가이기도 하다. 캐머런은 이렇게 연결된 모든 능력들 덕분에 놀라운 특수효과로 명성이 자자해졌다. 그런 특수효과는 시대를 앞서 나가는 것이라서 이전에 구체화되기는커녕 개념화된 적도 없는 기술로 만들어진 것들이었다.

1912년에 침몰한 타이타닉 호의 캐머런 버전 이야기를 특수효과로 실감나게 재창조하려면 상상력과 엄청난 노력이 필요하다. 캐머런은 1,700만 갤런의 물탱크와 약 236미터의 타이타닉 호 복제품을 구비한 특수 스튜디오를 멕시코에 만들었다. 뿐만 아니라 스토리에 진정성을 부여하기 위해 캐머런은 북대서양에서 수심 4킬로미터까지 직접 다이빙해야 했다. 그곳에서는 영감을 얻을 만큼만 살짝 타이타닉 호를 들여다보는 게 아니라 타이타닉 호의 실제 잔해를 볼 수 있었다. 이게 다가 아니었다. 캐머런은 그 이후에도 북대서양에서 수심 4킬로미터까지 열두 번이나 잠수했다. 몇 년 후, 캐머런은 다시 그곳으로 돌아갔다. 캐머런은 모두 합쳐서 타이타닉 호의 잔해까지 서른세 번 다이빙했고, 타이타닉 호의 실제 선장이었던 스미스보다도 더 오랜 시간 동안 그 배에 머물렀다.

심지어 2001년 타이타닉 호 탐사 원정을 준비하려고 혁신적인 소형 무인잠수정(ROV)까지 만들었다. 덕분에 조종사는 안전한 곳에 머물면서 밧줄에 묶인 수중 로봇을 위험한 곳에 보내 정보를 수집할 수 있었다. 캐머런의 팀이 타이타닉 호의 내부를 탐사했던 과정은 〈어비스의 유령들(Ghosts of the Abyss)〉이라는 3D 아이맥스 영화로 탄생했다. 이것이 바로 스토리가 기술을 이끌어내는 사례다. 타이타닉 호를 재현하기 위해 실제 모습을 촬영한 수중 로봇은 스토리가 이끌어낸 것이다.

2009년에는 〈아바타〉가 퍼포먼스 캡처performance capture라는 전례 없는 기술을 관객들에게 선보였다. 캐머런은 상상에 기반을 둔 공상과학도 사실성을 토대로 해야 한다고 믿는다. 이런 전제는 영화제작 과정 내내 〈아바타〉를 창조했던 사람들에게 체화되었다. 괴물 디자인 팀은 동물 생태학 서적들과 동물 해부학 서적들을 조사했고, 거북 등껍질에서 코뿔새의 갈고리 같은 부리와 납작한 부리 사이에 있는 부위, 독화살개구리에 이르기까지 모든 것들을 찾아보았다.

이 팀은 자연 자원과 상상력을 이용해 창작에 불을 지폈다. 그 덕분에 영화 속의 생명체들이 진짜처럼 느껴진다. 캐머런은 관객들이 영화가 100퍼센트 사진으로 만들어졌다거나 영화 속의 생명체들이 실제로 존재한다고 믿을 필요가 없다는 사실을 알고 있다. 그가 입증해야 하는 것은 그 생명체들이 감성을 자극하는 존재라는 사실이다. 감성은 관객을 연결해주는 스토리의 한 요소이며, 특정 기술로 응용하고 구현해야 할 요소다. 비록 가상의 존재지만 사실적이고 감성적이며, 퍼포먼스 캡처로 살아난 이 생명체들은 스토리가 이끌어낸 것이다. 두 편의 대작 영화, 두 개의 다른 스토리, 두 가지 독특한 접근법들, 각각의 독특한 특수효과들, 이 모든 것에서 기술은 영화의 스토리와 감성에 딸려오는 부차적인 것이었다. 컴퓨터 소프트웨어로 제작한 캐머런의 영화 〈아바타〉는 시각적 경이로움을 선사했고 아카데미상과 골든글로브상을 휩쓸었다. 영화 산업의 판도를 바꿔놓은 캐머런의 이 모든 영화들을 두루 살펴봤을 때 캐머런은 기술이 아니라 스토리로 우뚝 선 것이다.

스토리스케이핑은 철학 그 이상이다. 오늘날 여러분의 사업에 활용할 수 있는 방법론이자 접근법이다. 스토리스케이핑을 보다 더 심층적으로 정의하자면 감성에 기반한 경험들과 거래 경험들이 어우러진 풍경이다. 이 풍경 속에서는 각각의 연결이 참여를 이끌어내기 때문에 브랜드가 소비자 스토리의 일부가 된다. 스토리스케이핑 모델을 사용할 때는 소비자를 둘러싼 물리적인 경험 공간과 가상의 경험 공간, 감성적 경험 공간이 보다 더 쉽게 연결될 수 있도록 기술을 발전시켜나갈 수 있다. 광고를 만드는 일에서 벗어나 여러분의 스토리가 공유 경험을 통해 다른 사람들의 스토리가 될 수 있는 세계를 창조해야 한다.

평생 잊지 못할 스키 휴가를 꿈꾸다

VAILRESORTS | 베일 리조트
EXPERIENCE OF A LIFETIME™

모든 산에는 스토리가 있다

1960년대 이래로 휴가객들은 베일 리조트를 이루는 여러 산에서 스키를 즐겼다. 이곳의 웅장한 슬로프에서는 여러 경험을 탐닉하고 나누고자 하는 열정이 끝없이 솟아난다. 전통적으로 자연과 맞서 성취감을 맛본 개인들의 여행은 말 그대로 '개인적' 경험이었고, 대개는 추억을 담은 스냅사진 한 장으로 남았다.

베일 리조트는 기술이 모든 사람의 일상적인 여행 경험의 일부로 자리 잡아가고 있다는 사실을 알아차리고 2010년에 '에픽믹스^{EpicMix}'라는 새로운 상호작용 경험을 제공했다. 베일 리조트가 관리하는 다섯 개 산 가운데 한 곳을 찾아간 손님은 RFID(Radio Frequency Identification: 주파수를 이용해 ID를 식별하는 시스템―옮긴이) 칩이 내장된 리프트 탑승권을 받는다. 이 리프트 탑승권은 산을 타는 손님들을 자동으로 촬영하고, 손님들에게 현재 고도를 알려주며, 산길 지도를 보여주며, 기상 예보를 알려준다. 뿐만 아니라 손님들이 자신들의 이야기를 온라인, 스마트폰 어플리케이션을 통해 페이스북과 트위터에 올려 공유할 수 있게 해준다.

자연과 기술이 힘을 합치다

베일 리조트의 손님들은 이제 기동성 있게 움직이면서도 사회적으로 연결되어 있다. 이들은 눈 위에서 바로 사진을 찍고, 체크인을 하며, 자신들의 평가를 타인과 공유했다. 그래서 우리는 베일 리조트가 슬로프에서 시작해 스마트폰으로 전파되고 휴가가 끝난 후에도 오랫동안 생생하게 남아 있는 세계를 창조할 수 있는 기회를 이용할 수 있게 도와주었다.

우리는 에픽믹스가 베일 리조트의 주요 고객들에게 보다 더 매력적인 서비스로 발전할 수 있음을 알아차렸다. 전통적으로 소셜 채널의 단편적 경험이었던 것을 참여의 세계로 바꿀 기회가 있다는 것을 간파했던 것이다. 우리는 이 세계를 구축하기 위해 베일 리조트가 '산을 해방시켜라'라는 아이디어로 자신의 회사를 재조직하고, 고객들의 휴가 스토리와 고객들과 등산 모험의 상호작용에 필요한 시스템을 구축할 수 있게 도와주었다.

평생 잊지 못할 스키 휴가를 기억하는 법

에픽믹스 포토가 만들어낸 세계는 고객들의 참여를 이끌어내는 많은 방법들과 연결 지점들을 제공한다. 모든 산에 스토리가 있다면 모든 스토리에는 많은 이미지들이 있다. 프로 사진가들이 리조트 전역에 전략적으로 배치되어 가족사진부터 공중곡예 스노보딩에 이르기까지 모든 것을 촬영한다. 이 이미지들은 고객들의 리프트 탑승권에 내장된 칩을 통해 고객들 계정에 자동으로 업로드된다. 고객들은 그런 고화질 이미지를 무료로 공유할 수 있고, 이 서비스가 크게 인기를 얻고 있다. 고해상도 사진을 주문하는 추가 옵션도 있다. 에픽믹스는 고객들이 산을 탐험하면서 그 경험을 온라인으로 공유하도록 부추긴다. 콜라주 기능은 파격적인 스크랩북과 같다. 스키 타는 사람들은 자신들이 있는 곳의 고도를 계산하고, 자동으로 저장된 데이터에서 최고 기록을 골라 자기들 계정에 올릴 수 있다.

이뿐만 아니라 친구들과 가족, 심지어 월드컵에서 4연승한 올림픽 금메달리스트 린지 본^{Lindsey Vonn}과도 경쟁할 수 있는 경주 서비스(에픽믹스 레이싱)도 있다. 손님들은 자신들의 경주 기록을 보고, 메달을 따고, 그러한 성공 경험을 공유하며, 전설적인 선수 린지 본한테서 경기에 관한 조언도 들을 수 있다. 이 모든 경험들 덕분에 베일 리조트에서 스키를 즐기는 사람들은 산을 떠난 후에도 그 산속 세계에 영원히 머무를 수 있다. 한 가족이 평생 간직할 만한 스키 휴가라는 경험을 갖게 되는 것이다.

에픽믹스라는 스토리 시스템

이 모든 것들이 탄탄하게 통합된 모바일웹 소셜 시스템, 장갑을 끼고도 사용할 수 있는 새로운 사용자 인터페이스에 의해 이루어진다. 접대 사업과 엔터테인먼트 사업은 고객한테서 이메일 주소를 받으면 고마워할 것이다. 베일 리조트는 새로운 몰입 경험과 세계를 창조함으로써 생겨난 50만 명이 넘는 규모의 커뮤니티를 자랑하고 있다. 이런 유형의 참여는 전형적인 레저 관련 브랜드들의 기대를 크게 웃돈다.

하지만 가장 놀라운 수치는 에픽믹스라는 스토리 시스템이 만들어낸 1억 8천만 건 이상의 인상적인 소셜 네트워크상의 게시물이다.

> "에픽믹스 사진작가 님, 감사해요. 당신은 정말 대단해요. 당신의 탁월한 기술 덕분에 우리 가족이 얼마나 즐거웠는지 모르실 거예요. 오늘은 우리가 3년 8개월 동안 꿈꾸었던 것이었어요. 크리스마스카드 사진을 찍어줘서 고마워요."
> – 베일 에픽믹스 고객

> "…… 에픽믹스는 사진술을 크게 확장시키고 있다. 이것은 회사뿐만 아니라 스키 또는 스노보드를 타는 사람들의 스포츠 경험에도 중요한 도약이다. …… 사진은 커다란 변화다. 그리고 베일은 디즈니뿐만 아니라 전문적으로 촬영을 해주는 다른 어느 휴양지보다 낫다."
> – 『와이어드(Wired)』

지금까지 살면서 목격하고 경험했던 디지털 기술의 보편적인 힘을 이제는 완전히 깨달을 수 있다. 사람들이 브랜드와 함께할 수 있는 몰입 경험을 이용하고 심화하려면 몇 가지 기술의 힘만 더하면 된다. 사람들을 여러분의 스토리로 끌어들이면 그와 동시에 사람들이 자신의 스토리를 만들어내고 공유할 것이다. 이제 마음을 열고 브랜드 세계를 창조하는 일을 목표로 삼아야 한다. 이 세계를 여러분이 적절한 사람들과 적절한 이유와 적절한 방식으로 적시에 연결할 수 있는 경험 공간으로 시각화해야 한다. 사람들이 여러분의 브랜드와 함께 몰입 경험을 할 수 있는 연결 지점들을 여러분의 세계 안에서 그려보자. 사람들이 여러분의 세계로 뛰어들어 여러분 브랜드의 일부가 되면서 자신의 스토리를 만들어낼 수 있게 전략적으로 설계된 것이 그러한 연결 지점들이라고 가정해보자.

요약하자면 브랜드에는 중요한 스토리가 있어야 한다. '중요하다' 는 말은 스토리가 소비자들과 공유하는 실제 목적과 가치에 기반을 두고 있다는 뜻이다. 브랜드가 중요한 스토리를 얻으려면 진실되게 이야기할 뿐만 아니라 진정성 있게 존재하고 행동해야 한다. 또한 소비자 세계와 개인적인 스토리의 일부가 되려면 모든 공유된 상호작용에 영향을 미칠 만큼 인상 깊은 경험들을 창조해야 한다. 이 일을 해내려면 소비자 세계를 깊이 파고들어 그 일부가 되는 방법을 알아내고, 경쟁자들에게 한눈팔지 말고, 여러분의 스토리를 말과 그림이 아니라 경험으로 전달하는 법을 배워야 한다. 이게 전부다. 그렇다면 이 일을 어떻게 할 수 있는지 궁금하지 않은가? 스토리스케이핑이 바로 그 답이다. 2부에서 그 답을 자세히 알려주겠다.

PART 2

4

세계를 창조하는
암호를 해독하라

•

모두 소매를 걷어 올려라. 이제부터 스토리스케이핑의 세계를 탐사할 테니까. 2부에서는 효과적인 스토리스케이프를 구성하는 구조와 논리, 용어, 요소, (전략적) 기둥, 사상을 소개하고 설명한다. 먼저 스토리스케이핑 접근법을 체계화하는 방법을 보여주는 모델부터 살펴보자. 이 모델이 앞으로 이어질 내용의 기본 틀이며, 각 장마다 이 모델의 일부를 자세하게 다룰 것이다. 이상적으로 말하자면 이 모델은 여러분의 브랜드를 다르게 바라보고 여러분의 사업을 보다 더 효과적으로 홍보하는 방법을 잘 파악할 수 있게 해주고, 즉시 활용해서 큰 성공을 거둘 수 있는 실행 가능한 아이디어들을 제공한다. 이런 원칙들은 10인 이하의 소규모 신생 기업이든 만 명 이상 규모의 다국적 기업이든 상관없이 모두 적용된다. 새롭게 시작한 브랜드와 오래된 브랜드 모두 다 적용된다.

고객과 마케팅 목표를 어떻게 정의할 것인가?

성공은 목표 설정에서 시작된다. 목표를 설정하지 않으면 어떻게 성공의 기준을 알겠는가? 스토리스케이핑은 조직(브랜드)과 사람들(소비자)을 효과적으로 연결하려고 노력한다는 원칙에 기초를 두고 있다. 경험 공간에서 참여를 이끌어내는 공유 스토리를 만들어서 공유 가치와 공유 경험을 창출해서 스토리스케이핑을 실행한다. 그러므로 스토리스케이핑을 정의하고 이해하는 것이 필수적이다. 두 부분으로 나누어 생각해보자.

첫째, 어떤 소비자들을 원하는지 정하는 것이다. 누구와 연결되려고 하는가? 누구의 관심을 끌려고 하는가? 스토리스케이핑은 기존의 소비자들과 새로운 소비자들을 똑같이 중시하며 그들 모두와 연결하려는 것이다. 둘째, '소비자에서 브랜드까지' 사업과 마케팅의 도전 과제를 찾아서 정의 내리는 것이다. 그렇게 하면 어떤 목표를 설정해야 하는지, 무엇을 성취하고 싶은지, 성공이 어때야 하는지가 드러난다. 그 답은 사업에 영감을 불러일으키는 의미 있는 것이어야 한다.

소비자니 손님이니 고객이니 하는 명칭은 중요하지 않다. 중요한 것은 그들이 누구인지를 정확하게 정의하는 것이다. 무슨 일이 있어도 그들을 관객 혹은 사용자라고 부르거나 그렇게 생각하지 않기를 바란다. 그렇게 한다는 것은 그들이 참여하는 사람이 아니라 여러분의 스토리를 수동적으로 지켜보는 사람 또는 소극적인 사용자라는 뜻이니까 말이다. 스토리를 초월한 경험들, 행동을 바꾸는 몰입 경험들을 만들어내야 한다. 그러므로 '관객을 목표로 삼는 것'은 첫 단추부터 잘못 꿰는 짓이다. 그들은 상당히 많은 콘텐츠를 만들고, 강력한 영향력을 발휘하며, 여러분의 경험 공간 안에서 자신들의 상호작용을 통제한다. 그렇기 때문에 그들을 관객이나 사용자라고 부르는 것은 분명히 잘못된 일이다. 그들을(소비자, 손님 등) 뭐라고 부르든 간에 그들이 사람들, 즉 인간이라는 사실을 항상 유념하기 바란다.

그들은 제품과 서비스를 구매하고 사용해서 자신들의 스토리를 정의하고 창조하며 구축하는 사람들이다. 이상적으로 말해서 그들은 여러분의 회사와 의미 있게 몰입이 가능한 방식으로 상호작용하고 거래하는 사람들이거나 머지않아 그렇게 될 사람들이다. 그렇게 되면 여러분의 브랜드는 개개인 스토리의 일부가 될 수 있다.

여러분이 원하는 브랜드 스토리 참여자들(소비자와 동일)을 정의할 때는 여러분의 도전 과제와 관련된 의미 있는 것이어야 한다. 최근 마케팅 관련 서적에서 말하는 '고객층을 세분화(segmentation: 광범위하고 불특정한 다수의 소비층 대신 잠재 고객층을 자세히 나눔-옮긴이)하여 라벨을 붙이는 쓸데없는 일'은 하지 말자. 소비자 분석과 조사는 가치 있는 일이지만 소비자들이 누구이며 어떤 사람인지 이해하기 어렵게 만드는 용어와 라벨 붙이기는 주의해야 한다.

스토리스케이핑은 팀 스포츠라서 소비자가 중요하다는 사실을 모두가 이해할 수 있게 해준다. 이 목표에 걸림돌이 되는 것이나 사람은 역효과를 일으킨다. 스토리스케이핑을 함께 일하는 모든 사람들과 관련 있는 것으로 만들어야 한다. 여러분의 회사 전체와 회사의 연장선(파트너와 거래처)에서 여러분의 브랜드 스토리와 경험을 창조하는 일을 자기 것으로 만들어 공유하게끔 하고 싶은가? 그렇다면 누구나 이용할 수 있고 연관성 있는 스토리스케이핑을 만드는 것이 핵심이다.

여러분 조직에 스토리스케이핑이 필요하다는 사실을 감지했다면 이제는 그 기초가 되는 관점, 적용되는 관련 용어와 정의, 개발 모델의 기반들을 파악해야 한다.

브랜드와 소비자 사이의 경험 공간이 확장되다

기술이 소비자와 브랜드 관계에 미친 가장 큰 영향은 참여와 연결의 기회들이 확산되면서 동시에 수렴될 수 있다는 것이다. 이제는 더 이상 이 문제를 미디어 채널과 유통 경로 관점에서만 바라볼 수 없다.

잠재적인 경험 공간, 즉 소비자와 브랜드가 의미심장한 연결에 참여할 수 있는 장소와 공간이 기술 덕분에 크게 확장되었다. 뿐만 아니라 기술로 가능해진 행동도 그곳에서 찾아볼 수 있다. 경험 공간에는 콘텐츠 생산과 공유, 모바일 거래, 애플리케이션, 브랜드 유용성(실용성이나 기능성, 도구나 서비스를 말함)을 설명해주는 경험, 소비자에게 이득이 되는 경험, 미디어 시스템, 소셜 플랫폼이나 물리적 공간이 있다. 브랜드가 소비자 욕구를 좀 더 잘 이해하고 그러한 욕구 충족에 이바지함으로써 소비자의 삶에서 유용하고 중요한 역할을 할 수 있게 만드는 환경을 경험 공간이라고 생각하자. 그렇게 하면 감성적 가치와 경험 가치를 모두 얻을 수 있다. 다시 말해 몰입 경험을 창조해낸 공간을 바로 경험 공간이라고 생각하자.

무엇보다 먼저 잠재적 경험 공간을 그려내야 한다. 그렇게 하면 여러분의 브랜드와 여러분이 원하는 소비자가 연결되는 환경과 기회를 훨씬 더 잘 파악할 수 있다. 경험 공간을 보다 더 깊이 있게 이해할 수 있는 방법은 다음 5장에서 소개하겠다.

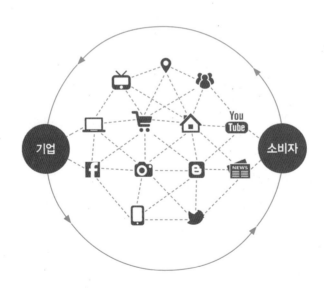

회사 이름을 버리고 브랜드로 의인화하라

이제 경험 공간을 새롭게 평가해
보고, 브랜드와 소비자가 경험 공
간에서 어떻게 연결되는지 살펴
보자. 경험 공간의 복잡성은 잠시
접어두고 연결의 기반들을 구조
적이고 논리적인 방식으로 깊이
파고들어보겠다. 경험과 스토리
에 관한 몇몇 사례들은 이미 소개

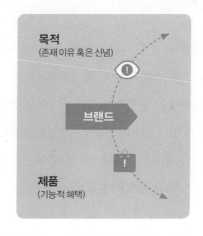

했다. 그러므로 이제는 그러한 연결이 경험 공간에서 어떻게 이루어지
는지 살펴봐야 한다.

기업이 소비자와 연결되려면 제일 먼저 할 일이 있다. 회사라는 명칭
을 사용하지 말고 브랜드라는 개념을 사용해야 하는데, 간단히 말해 일
종의 의인화를 해야 한다는 것이다. 왜 의인화를 해야 하는가? 극히 기
능 위주로 작동하는 기업이 항상 이성적이지는 않은 소비자와 연결하려
고 할 때 자사를 의인화하면 보다 더 인간적으로 보이고 소비자의 호감
을 살 수 있기 때문이다.

브랜드는 의인화되자마자 기업이 제공하거나 생산하는 제품 또는 서
비스에 적용된다. 이러한 제품과 서비스는 모두 기능적 필요를 충족시
킬 수 있다. 어떤 방식이나 형태로든 유용성을 제공하는 것이다.

보통은 어떤 형태의 제품이나 서비스를 차별화하려고 한다. 마케팅 책에서 유일무이한 판매 제안(unique selling proposition: USP) 전략을 배웠기 때문이다. 오늘날 훨씬 잘나가는 기업들은 브랜드 목적, 즉 브랜드의 존재 이유나 신념을 찾아냈고, 그에 따라 운영되고 있다.

이제 경험 공간의 다른 쪽 진영, 즉 소비자를 살펴보자. 소비자들은 깨끗한 옷이 필요하다는 것처럼 기능적이고 이성적인 욕구^{needs}를 갖고 있다. 이처럼 기능적인 욕구는 끊임없이 생겨나고 행동을 이끌어낸다.

소비자는 감성, 즉 좋은 엄마처럼 보이고 싶어 하는 감성적 욕구나 욕망^{desire}을 갖고 있다. 이러한 욕망들이 충족되면 기분이 좋아진다. 사실 이 두 가지는 복잡하게 서로 얽혀 있다. 하지만 소비자 욕구를 연구하고, 소비자들이 자기 인생에서 특정한 것들을 사용하는 방식과 그 이유가 어떻게 그들 자신에 관한 스토리를 규정하는지 탐구하려면 소비자의 감성적 측면과 행동적 측면 양쪽 다 살펴봐야 한다.

다소 직설적인 방법이기는 하지만 공유된 연결을 파악하는 것이 스토리스케이핑 구축의 핵심이다.

브랜드가 그 목적에 따라 사고하고 행동하며 공유할 때 공유된 가치를 구축함으로써 소비자의 감성적 욕망과 연결된다.

이러한 공유 가치는 '우리는 이런 가치를 가지고 있다'고 말하는 것처럼 기업이 지니고 있는 것 아니라, 기업의 목적이 전달되는 과정에서 표출되는 신념이나 가치가 소비자와 감성적으로 연결될 때 배어나오는 것이다. 앞서 소개했던 탐스 신발 사례가 기억나는가? 그것은 관점과 행동의 변화가 가져오는 영향력의 차이를 보여주는 좋은 사례다.

다른 차원에서 한번 살펴보자. 가장 기본이 되는 기능적 욕구는 소비자들이 자신의 스토리를 정의할 때 사용하는 제품과 서비스로 해소할 수 있다. 이처럼 유용성의 한 형태와 뭔가를 하는 사람 사이의 연결은 공유

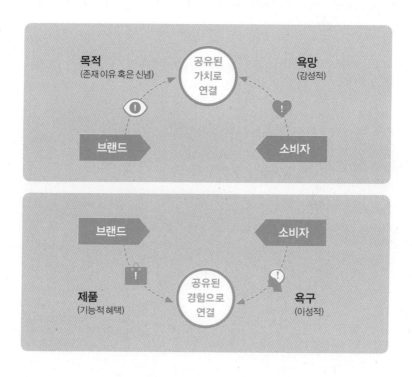

된 경험을 낳는다. 간단히 말해서 행동이 있으면 경험도 있다.

앞서 논의했듯이 어떤 브랜드는 스토리와 감성적으로 능숙하게 연결되고, 또 다른 브랜드는 훌륭한 제품을 제공하고, 훌륭한 경험에 적합한 환경과 도구들을 구축한다. 그러므로 공유된 스토리가 이 두 유형의 브랜드 모두에 스토리스케이프가 되는 그런 세계를 창조해야 한다. 바로 이것이 우리가 추구해야 할 목표다. 이 사실을 염두에 두고 일하면 많은 스토리스케이핑 접근법의 비밀이 드러나고, 모든 차원에서 증폭된 가치를 효과적으로 이끌어낼 수 있다.

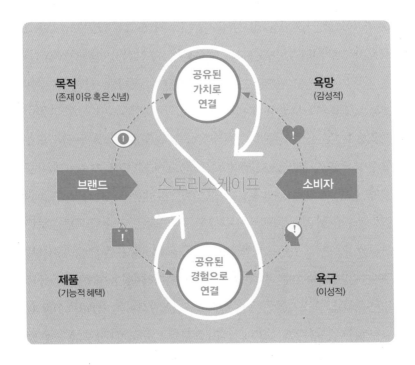

스토리스케이핑의 두 가지 핵심 요소

이러한 논리와 이론의 상당 부분은 전혀 새로운 것이 아니다. 우리는 이치에 맞는 것들을 수용하여 오늘날의 세계에 맞게 발전시켰다. 이제 그것은 운영모델로 체계화되어 누구든지 훨씬 더 쉽게 이용할 수 있게 되었다. 이 모델의 일부로서 새롭고 핵심적인 요소가 두 가지 있다. 스토리와 기술에 적용되는 '조직화 아이디어$^{Organizing Idea}$'와 시스템 사고가 그것이다.

스토리스케이핑 모델은 앞에서 자세하게 설명한 개념, 즉 연결 관점과 경험 공간의 이해에 기초를 두고 있다. 이 여행이 어디로 향하는지 기본적으로 파악했으니 이제는 앞서 언급했던 전략적 기둥과 요소 각각을 자세하게 살펴볼 것이다. 그리고 5~8장에서는 조직화 아이디어의 네 기둥을 실제 사례와 조언, 접근법을 들어 설명한다. 그리고 나서 조직화 아이디어를 보다 더 깊이 파고들고, 추구해야 할 것과 피해야 할 것에 대해 조언해줄 것이다. 이 모든 것을 깨우치고 나면 조직화 아이디어에 대한 이해를 바탕으로 삼아 안정적으로 스토리스케이핑을 할 수 있다.

스토리스케이핑 모델의 '새로운 애플리케이션'을 설명하는 부분에서는 조직화 아이디어를 시스템 사고와 통합해 적절한 스토리와 경험 공간, 연결, 사용 가능한 기술을 창조하는 방법을 살펴본다. 바로 여기서 스토리스케이핑의 힘이 현실화된다. 스토리 시스템에 정보를 제공하고 궁극적으로는 몰입 경험의 세계(여러분 자신의 스토리스케이프)를 창조하는

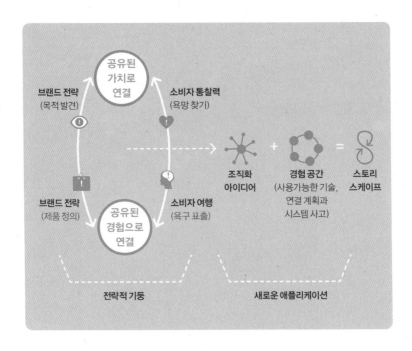

이해의 기둥으로 구현된 조직화 아이디어가 그 힘의 원천이다.

　이 모델은 선형이 아니기 때문에 조직화 아이디어가 있고 그것을 경험 공간에 적용한다면 어디서나 시작할 수 있다. 그와 동시에 어느 시점이 됐든 스토리 시스템의 일면(예를 들어 새로운 웹사이트)을 재개발하거나 창조해야 한다. 이 모델과 원칙들은 여전히 효력을 발휘한다. 이 모델을 활용하면 여러분이 만든 창조물이 더 큰 시스템의 일부가 되고, 기존의 조직화 아이디어를 통해 연결되기 때문이다.

5

'왜'라는 질문으로
브랜드 가치를 높여라

·

2000년부터 2010년 사이에 소비자 관계 및 재무적 가치가 가장 빠르게 성장한 50개 브랜드의 공통점은 무엇일까? 이것은 2012년 1월 18일자 『미디어포스트(MediaPost)』 기사에서 밀워드 브라운^{Millward Brown}과 짐 스텐겔^{Jim Stengel}의 연구를 언급하며 제시한 질문이다. 그 답은 뭘까? '규모나 종류에 상관없이 모든 브랜드는 어떤 식으로든 소비자의 삶을 향상시키는 것을 목적으로 삼고 있다'는 점이다. 이것이 바로 브랜드가 존재하는 이유이자 목적이다.

브랜드의 목적은 그 조직이 동의하고 신뢰하며 구현하는 존재 이유나 신념이다. 브랜드는 그러한 목적에 따라 사고하고 행동하며 공유한다. 이 목적은 여러분 기업 전체의 기반이며, '왜'라는 질문에 답을 준다. 여러분은 왜 지금 그 일을 하고 있는가? 왜라는 질문 이면에는 크나큰 힘이 깃들어 있고, 그 힘은 단순하게 수익을 올리는 것보다 훨씬 거대하고 광범위한 것이어야 한다. 명심하자. 사람들은 본능적으로 왜라는 말에 적대감을 드러낸다는 것을! 기본적으로 말해서 왜라는 질문의 힘, 그리고 먼저 자신과 자신의 조직에 연관되는 존재가 되는 것은 아무리 강조해도 충분하지 않다. 모든 것, 말 그대로 모든 것, 심지어 보이지 않는 것까지 그 힘에서 나온다.

오래된 성공 기업들은 마케팅뿐만이 아니라 그들의 모든 행동으로 분명하고 간단한 한 가지 스토리를 전달한다. 이들 기업은 그저 돈을 버는 것이 아니라 그보다 훨씬 더 간절하게 열망하는 것이 있으며, 그에 따라 행동한다. 또한 자신들이 무엇을 대표하는지 알고 있다. 그들이 하는 모든 일은 그들의 목적을 따르고, 그들이 하는 모든 말은 그 목적에 부합한다. 광고업계의 권위자 댄 위덴Dan Wieden이 최근에 한 말이 이를 뒷받침한다. "잘나가는 브랜드는 자신들이 누구이며, 어디서 왔고, 누구와 함께 일하는지, 무엇을 하고자 하는지를 간단하고도 명쾌하며 일관된 스토리로 전달할 수 있다." 이들 중 최고의 기업은 자신이 만든 제품과 창조한 경험, 제공하는 서비스를 통해 자기 이야기를 전달하는 법을 배웠다. 소통 방식에 그치지 않고 직원들과 영향력을 가하는 공동체를 다루는 방식으로 브랜드 스토리를 전하는 방법까지 알고 있다.

목적이 모든 것을 창조한다

스토리스케이핑에서 목적은 핵심 기둥이자 네 기둥 중에 첫 번째 기둥이다. 각각의 기둥은 소비자 연결에 필요한 지지 구조물이며, 이런 기둥은 브랜드 전략으로 세운다. 브랜드 전략은 또한 소비자 통찰력에서 파생되어 나온다. 그러므로 목적을 독자적으로 정의해서는 안 된다. 브랜드 목적은 조직화 아이디어의 길잡이 역할도 한다. 조직화 아이디어는 스토리스케이핑을 강력하게 만드는 핵심 요소다. 모든 브랜드가 크게 성공하기 위해 구축하려고 하는 참여와 경험의 세계를 실현해서 스토리 시스템과 연계되는 것이 조직화 아이디어다. 이 모든 요소들에 대해서는 앞으로 계속 다룰 예정이다.

브랜드 목적에 관한 근사한 이야기들을 늘어놓는 책들이 많다. 예컨대 조이 레이먼Joey Reiman의 《목적 이야기(The Story of Purpose)》와 사이먼 사이넥Simon Sinek의 《나는 왜 이 일을 하는가(Start with Why)》가 있다. 이 책의 많은 내용들이 위에 언급한 책에서 영감을 얻었다. 이 책의 목적은 그러한 생각을 발전시켜 스토리스케이핑에 적용하는 것이다. 브랜드의 목적과 목적의 범위, 목적과 스토리스케이핑이 연결되는 방법을 알아내기 위해 브랜드 전략의 역할을 파헤치면서 그러한 생각이 얼마나 가치 있는지 살펴보고, 그 생각이 왜 중요한지 이유를 설명할 것이다.

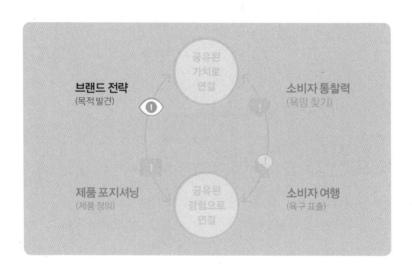

목적 지향적인 조직과 브랜드는 직원, 이해관계자, 소비자에게 훨씬 더 큰 영감을 불어넣는다. 진정한 목적은 내부에서 나온다. 그러므로 언제나 발명이 아니라 발견 접근법을 취해야 한다. 목적, 즉 존재 이유 혹은 신념은 행동을 이끌어내는 동기가 되어야 한다. 뿐만 아니라 조직이 하는 모든 일과 브랜드가 상징하는 모든 것들의 연관성과 의미를 창조해야 한다. 이것은 만만한 일이 아니다. 여러분의 목적은 무엇이라고 말할 수 있는가? 혹은 어떻게 보이는가? 이미 목적을 가지고 있는가? 아니면 아직도 목적을 찾아 헤매야 하는가? 목적을 갖고 있다면 그것이 보편적으로 인정받고 명쾌하게 표현되어 있으며 효과적으로 적용되는가? 지금부터는 목적에 중요성을 부여하는 특성들을 살펴보자.

브랜드의 목적은 기업의 비전과는 크게 다르다. 비전은 목표와 대상을 정하는 데 유용하지만 한계가 있다. 미래만 볼 수 있기 때문이다. 비전은 기업이 되고 싶어 하는 것을 정의한 것이다. 사업이 커가면서 성공과 실패, 환경적 영향 등 여러 과정을 거치는 동안 비전도 그에 따라 달라진다. 비전은 길을 안내해야 하지만 목적은 훨씬 더 영원하고 신비로워야 한다. 목적은 목표가 아니다. 목표란 성취하고 싶은 것이다. 시간이 흐름에 따라서 목표를 성취하거나 수정하면 목표가 달라진다. 그러나 브랜드의 목적은 전략이 아니다. 전략은 비전에 도달하고 목표를 성취하는 방법이다. 오늘날의 전략은 훨씬 더 많은 길을 제시하고, 예전보다 훨씬 더 유연하고 역동적이어야 한다. 전략은 수시로 변하는 전술을 이용한다. 목적은 기업 활동과 브랜드 계획을 구성하는 요소들과는 다르다.

목적은 감성과 연결되어 있다

목적은 감성적 성격을 지닌다. 목적은 조직 내부 사람들에게 감성적으로 영향을 미쳐야 하고, 브랜드의 행동 방식에 관한 감성적 측면도 있어야 한다. 앞서 언급했던『미디어포스트』기사 내용처럼 목적은 '삶을 향상시킨다는 이상理想'에 관한 것이다. 다시 말해서 감성적인 것이다. 미국 해안경비대 구조대원들은 목적을 가지고 있기에 목숨을 걸고 다른 사람들을 살릴 수 있다. 어떤 사람들은 이런 목적을 좌우명이라고 부르고, 또 어떤 사람들은 슬로건이라고 부른다. 이 책에서는 감성적 목적이라고 부르겠다. 이 목적은 구조대원들의 정신을 구체화한 것이다. 그들의 신념과 정신에 중요한 것이며, 그들이 개인적인 위험과 역경, 고난에 부딪혔을 때도 자기 업무를 완수할 수 있도록 이끌어주는 것이다.

어느 날 아침에 일어나 그냥 '그렇게 하면 좋을 것 같아서' 헬리콥터에서 거친 파도 속으로 뛰어내려 누군가를 구하는 사람은 없다. 구조대원들은 그보다 더 원대한 뭔가를 믿기 때문에 그런 일을 한다. 그들에게는 존재 이유가 있고, 그들은 그런 존재 이유와 개인적으로나 감성적으로 연결되어 있기 때문에 그에 따라 행동한다. 이런 목적은 놀랍도록 헌신적이고 고도로 훈련된 구조대원들에게 더욱 강력한 영향을 끼친다. 이것은 마케팅 문구도, 표어도, 광고용 슬로건도 아니다. 그들이 던지는 '왜'라는 질문의 답이다. 그 목적은 구조대원들이 일을 어떻게 하는지 또는 어떤 결과를 얻고 싶어 하는지가 아니라 그들이 왜 그 일을 하는지 이유를 말해준다. 그렇기 때문에 목적은 마케팅 표현과 완전히 다르다. 목적은 여러분의 기반이 되는 기둥, 즉 일차적인 지지 신념이 되어야 한다.

미국 해안경비대의 좌우명과 조직 전체의 포지셔닝은 '셈페르 파라투스'(Semper Paratus, '항상 준비된 상태'라는 뜻의 라틴어)다. 이 좌우명은 그들의 정신(왜)을 구체화한 것이고, 이 경우에는 그들의 서비스 방식을 나타내는 표어이자 선언문이다. 해안경비대의 도움을 받아야 할 상황에서 그들이 '항상 준비된 상태'라는 사실을 알고 있다면 마음이 안정되고 편안해진다. 이 좌우명이 얼마나 감성적이고 개인적인지 알겠는가? 그뿐만 아니라 '항상 준비된 상태'가 어떻게 포지셔닝되어 외부 소비자 연관성$^{external\ consumer\ relevance}$을 지니고 있는지 알겠는가? 목적이 항상 소비자 표현('그래서 다른 사람들이 살 수 있을지도 모른다')으로 해석되는 것은 아니지만 때로는 그럴 수도 있다('항상 준비된 상태'라는 포지셔닝 표어를 내세우는 해안경비대의 경우가 그렇다).

이제 잠시 멈춰서 생각해보자. 여러분은 왜 아침에 침대에서 일어나 일하러 가는가? 이번에는 그냥 생각나는 모든 이성적 반응들을 지워버리고 더 깊이 파고들어 여러분의 감성적 연결고리를 정확하게 찾아내자. 왜 일하러 가는가? 희망이 하나 있다면 여러분은 목적을 가지고 있고, 그 목적에서 영감을 얻으며 그 목적 덕분에 여러분의 브랜드와 연결된다는 것이다.

목적은 단순하고 친숙해야 한다

목적은 아주 간단해야 한다. 월트 디즈니$^{Walt\ Disney}$는 '사람들을 행복하게 만든다'는 간단한 선언문으로 엔터테인먼트 제국을 세웠다. 디즈니 팀의 일부로서 이 목적은 영감을 불어넣어주고, 그들의 모든 것에 초점을 맞춘다. 이 간단한 선언문이 다소 일반적이고 상투적이어서 여러분은 마음이 놓일지도 모르겠다. 목적은 차별화를 위한 것이 아니기 때문에 그래도 상관없다. 여러분은 어떻게 차별화를 하는가? 일을 하는 이유가 아니라 일하는 방식이 차별화를 낳는다. 조직 내에서 공유할 수 있고 보편적인 목적을 세우는 것이 중요하다. 바로 이 때문에 단순함과 친숙함이 목적의 핵심 요소가 된다. 진짜 중요한 것은 기업과 문화, 그리고 행동을 불러일으키는 방법이 목적과 어떤 연관성이 있으며 그 정신은 무엇인가 정의하는 일이다.

많은 분야에서 브랜드 마스터로 인정받는 리처드 브랜슨(Richard Branson)이 첫 항공회사 버진 애틀랜틱(Virgin Atlantic)을 세웠을 때 이렇게 말했다. "큰돈을 벌겠다고 벤처 사업에 뛰어드는 게 아니다. 다른 사람들의 사업 방식에 만족하지 못하기 때문이다." 리처드는 자신이 즐겁게 비행할 수 있는 항공사를 만들고 싶어 했다. 그의 정신은 성장하는 새로운 항공사의 모든 요소에 스며들어 있다. 항공사 지상 근무 직원, 승무원, 혹은 조종사가 일하고 싶은 항공사를 만드는 과정의 일부가 된 것 같다고 느낀다면 그런 마음가짐만으로 업계 평균보다 더 나은 결과를 만들어낼 수 있다. 이것은 언제나 연관성 있는 경험이 된다. 이 경우에는 항공사 전체를 더 나은 곳으로 만들기 위해 할 수 있는 일들을 기꺼이 찾아내고 싶은 생각이 들기 마련이다.

브랜드에 명쾌한 목적이 있다면 모든 사람들은 그 브랜드를 뭔가 다르다고 생각한다. 목적은 이성적인 이유들을 초월해서 브랜드 실체와 감성적으로 연결된다. P&G의 글로벌 마케팅 및 브랜드 구축 담당자 마크 프리처드(Mark Pritchard)는 이렇게 말했다. "목적은 브랜드에 대한 사람들의 생각을 확실히 바꿔놓고, 브랜드가 사람들의 삶과 어우러지며 연관성을 높이는 방식에 대한 사람들의 생각을 넓혀준다."

P&G의 브랜드 팸퍼스(Pampers) 기저귀가 좋은 사례다. 팸퍼스의 목적은

'아기의 행복하고 건강한 성장'이다. 팸퍼스의 핵심 제품(기저귀)은 간단한 기능적 역할을 수행한다. 바닥이 더러워지지 않게 해주고, 언제 나올지 모르는 아이들의 대소변을 받아낸다. 이렇게 팸퍼스는 바닥(물론 바닥외의 다른 것들도)을 깨끗이 하고 싶다는 간단한 욕구를 해결해주는 것이다. 하지만 다른 기저귀들도 그런 욕구는 다 해결해준다. 다만 팸퍼스는그 일을 하는 이유, 즉 신념이 다를 뿐이다. 팸퍼스는 '아기의 행복하고건강한 성장'을 믿는다. 브랜드로서 팸퍼스는 목적을 실천하기 위해서제품과 콘텐츠, 경험, 디자인 등 상당히 많은 것들을 동원해 할 수 있는모든 일을 한다. 팸퍼스는 단순한 문제들의 해결책에만 신경을 쓰는 것이 아니라 아기와 엄마, 어떤 일들을 하는 총제적인 이유들을 생각한다.

목적 혹은 신념 선언은 여러분이 존재해야 하는 이유를 말해주는 내부 플랫폼이다. 목적은 사람들을 위한 일에 쓰일 때 훌륭해지고, 브랜드스토리와 브랜드 경험을 잇는 감성적 연결을 이끌어낼 때 더욱 돋보인다. 실질적이고 연관성 있는 목적을 브랜드 기반으로 삼으면 소비자들과 공유하는 경험을 만들 수 있다. 이런 목적은 행동을 이끌어내는 연결이 된다. 목적은 단순하게 존재하기 때문이 아니라 행동을 유도하는 방식 때문에 직원들과 소비자들에게 의미 있고 연관성 있는 것이 된다. 이것이 바로 영감(욕망과 충성)과 조작(manipulation, 이성적이고 기능적인 만족)의 차이다.

목적을 찾아내고 정의를 내리면 브랜드는 새로운 힘, 즉 많은 스토리와 경험을 감성적 플랫폼과 연결하는 힘을 얻는다. 목적은 조직의 정신과 문화에서 나와야 한다. 여러분의 역사와 기반은 언제나 좋은 출발점이지만 연관성이 부족하다면 역사적 전제에 머물러서는 안 된다. 고객들과 함께 목적을 찾아내려면 가능한 한 사람들을 많이 끌어들이고 스토리텔링을 비롯한 많은 수단들을 사용해야 한다. 또한 사업을 철저하게 분석해서 감성 자산을 찾아 그것과 소비자와의 연관성을 밝혀내야 한다. 브랜드가 사람들의 삶을 향상시키는 방법을 간파해내려고 애쓰기도 해야 한다. 멋지게 작성된 말 한 줄에 의존해서는 안 된다. 실질적이고 연관성이 있으며 영감을 주는 뭔가를 찾아내야 한다.

이와 관련된 실제 사례를 들어보겠다. 대규모 부동산 개발 회사로부터 회사의 목적을 찾아달라는 의뢰가 들어와 우리는 험난한 발견의 여정을 시작했다. 이사회 임원들과 중역들, 누가 봐도 훌륭한 리더인 CEO까지 모두 다 인터뷰하는 것도 그 여정의 일부였다. 이 부동산 회사 리더는 목적을 말뿐이 아니라 신뢰할 수 있고 가치 있는 것으로 만드는 데 결정적인 역할을 맡고 있었다. 거기에다 정신과 문화를 좀 더 의미 있게 통합할 책임을 지고 있었다. 이것은 그 자신도 인정한 도전 과제였다.

우리는 그와 인터뷰를 하면서 놀랄 만한 것이 아니라 만족할 만한 것을 찾아야 한다고 설명했다. 인터뷰를 통해 우리는 그가 찾는 회사의 목적이 진정으로 조직에 충실한 것임을 알았다. 마침내 새롭고 강력한 목적이 중역회의에서 발표됐을 때 부동산 회사의 CEO는 회의실을 둘러보며 미소 짓고, 흡족한 듯이 고개를 끄덕였으며, 회사 전체가 창조한 것이 조직과 완전히 일치하고 미래에 영감을 준다는 사실에 기뻐했다. 그날 이후로 이 부동산 회사 사람들은 회사의 목적에 따라 생각하고 행동하며 공유한다. 그 목적은 무엇일까? '더 나은 삶의 방식이 있다(There is a better way to live).'

목적을 어떻게 활용할 것인가?

목적을 활용하는 것은 효과적인 스토리스케이핑에 결정적인 요소이다. 뿐만 아니라 브랜드 스토리의 전제를 명확하게 보여주고, 브랜드의 행동 방식과 브랜드가 하는 일을 규정해준다. 우리는 이것을 생각, 행동, 공유로 설명한다. 좀 더 자세히 살펴보자. '생각'은 모든 것을 목적의 관점에서 바라보는 것이다. 또한 그 목적에 충실해지는 것이다. 여러분 자신이 그 신념을 따르고 있는지, 혹은 그 존재 이유를 위해 문제를 해결하고 있는지 자문해보기 바란다. '행동'은 어떻게 전달하고 무엇을 언제 하는지 등에 관한 것이다. 훌륭한 경험을 창조하는 것이기도 하다. '공유'는 말하기, 상호작용, 듣기로 이루어진다. 목적에 충실하면서 공유한다는 것은 사람들을 여러분의 목적으로 끌어들인다는 뜻이다. 그러므로 비판을 기꺼이 받아들이고 주의 깊게 경청해야 한다. 그렇게 하면 사람들에게 메시지를 보내는 것이 아니라 사람들이 여러분의 브랜드에 자발적으로 참여하게 만들 수 있다.

이 모든 것은 공유 가능성 및 콘텐츠와 정신을 공유하는 행동에 관한 것이어야 한다. 생각하고 행동하고 공유하는 것 외에 접근법의 순서도 중요하다. 이 순서는 사이먼 사이넥이 공개한 리더십 모델에서 따온 것이다. 우리는 언제나 '사이먼 사이넥으로부터 영감을 얻었다'고 말한다. 그것이 바로 브랜드 목적이 해야 하는 일이고, 또 다른 한편으로는 다른 사람들에게 영감을 주는 것이 사이먼의 목적이기 때문이다.

사이먼의 '황금 원 접근법'은 언제나 중앙에서 바깥으로 나가라고 말

우리가 사용하는 모델

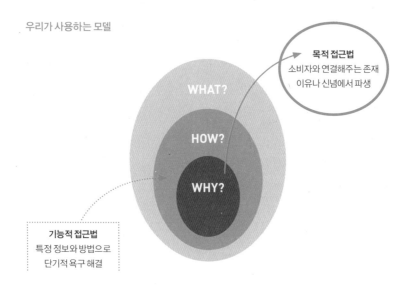

목적 접근법
소비자와 연결해주는 존재
이유나 신념에서 파생

WHAT?

HOW?

WHY?

기능적 접근법
특정 정보와 방법으로
단기적 욕구 해결

왜?
목적이나 존재 이유, 혹은
신념처럼 행동을 이끌어내는
동기
연관성과 의미를 창조한다.
브랜드 목적을 위해 소비자
통찰력으로 연결된다.

어떻게?
안내 원칙
목적을 전달하기 위해 취하는
구체적인 행동
운영 기준이 되는 가치

무엇을?
증거와 이성적인 이유
목적을 실현하는 실제적이고
이성적인 방법

*사이먼 사이넥의 황금 원(Golden Circles)에 기초를 둔 것임

한다. '왜(목적)'에서 시작해 '어떻게(방법)'로 움직이고 마지막으로 '무엇을(생산하는 물건이나 하는 일)'을 처리하라고 말이다. 이것은 리더가 일하는 방법이며, 훌륭한 브랜드가 리더처럼 행동하는 방식이다. 훌륭한 리더와 훌륭한 브랜드의 공통점은 무엇인가? 명쾌하고 의미 있으며 연관성 있는 목적을 가지고 있다는 것이다. 그렇다. 이들은 언제나 안에서 밖으로 (왜 → 어떻게 → 무엇을) 생각하고 행동하며 공유한다. 뿐만 아니라 목적이 가져다주는 것, 즉 사람들이 표출하고 갈망하는 가치를 공유하고 거기서 영감을 얻기 때문에 다른 사람들을 끌어들이는 매력을 발산한다.

목적? 발명하지 말고 발견하라

목적을 찾다보면 그 목적이 애초에 사업을 시작했던 이유의 연장선에 있음을 알게 될 것이다. 다른 사람들의 삶을 향상시키기 위해 하고 싶어 했던 것이 바로 여러분의 목적일 수도 있다. 이런 목적은 훌륭한 초석이 되며, 이제 막 사업을 시작했거나 소규모 기업을 운영하는 사람들에게 특히 효과적이다. 사업이 탄탄해지면 목적을 발견하는 여정이 좀 더 복잡해진다. 많은 직원들을 거느린 대기업의 경우가 그렇다. 10인 이하의 소규모 기업이든 만 명 규모의 기업이든 목표가 명확하고 영감을 불러일으켜야 목적이 조직의 효과적인 기반이 될 수 있다.

조직의 목적을 찾아내는 방법은 기업의 유형과 브랜드 성격에 따라 달라진다. 여러분의 브랜드는 제품 브랜드인가? 아니면 조직 브랜드인가? 조직 브랜드라면 조직 내부 사람들의 정신과 문화를 더 깊이 파헤치는 발견의 여정을 떠나야 한다. 소비자 포장재(CPG)처럼 여러분의 브랜드가 제품 브랜드라면 소비자 연관성과 소비자 욕망에 역점을 두고 파고들어야 한다.

이런 차이를 감안해서 우리가 사용하는 발견과 접근법의 요소들을 여기서 소개하겠다. 목적을 찾을 때는 다소 세부적으로 적절하게 그런 요소들에 의지할 수 있다. 그중에서 보편적인 요소가 하나 있다. 발명이라기보다는 발견에 가깝다는 것이다. 뭔가를 그냥 꾸며내서는 안 된다. 개인 사업자이거나 혹은 시간과 노력을 투자해서 자신의 사업과 브랜드를 파헤쳐볼 수 있는 사람이라면 자신의 진짜 목적을 깊이 생각해보라. 그러면 브랜드 목적이 무엇인지 알 수 있다.

이 접근법은 앞서 소개했던 '왜'와 '어떻게', '무엇을'을 결정하고 정의하면서 통찰력을 얻어 소비자 연결과 연관성을 구축하는 것이다.

첫 번째 단계는 몰입이다. 이 단계에서는 조직의 역사와 정신을 조사한다. 이 단계의 목표는 조직의 기반을 이해하고, 그 기반이 세월이 흐르면서 어떻게 탄탄해졌는지 알아내는 것이다. 게다가 조사를 하는 동안 연관성을 확실하게 확보하기 위해 소비자도 이해하려고 애써야 한다. 이 단계의 마지막에 직접 조사를 통해 직원들과 상호작용하면서 직원들이 사람들의 삶을 향상시키는 브랜드를 어떻게 바라보는지 파악해야 한다. 직원들이 과거를 털어놓고 잠재적 시나리오에 근거를 둔 생각과 느낌을 표현하게 만들면 브랜드의 존재 이유와 운영 방식, 소비자들에게

우리가 사용하는 4단계 과정

몰입	평가	창조	명료화
역사 점검	리더십 인터뷰	목적 워크숍	브랜드 청사진
소셜 점검			브랜드 전략 프레젠테이션
소비자와 카테고리 조사	조사 분석		
직원 워크숍	전략적 추출	전략 창조	내부 소통 프로그램
직원 조사			조사 확인

*소비자 연결을 구축하는 과정

연관성 있는 브랜드가 되는 법을 알아낼 수 있다.

두 번째 단계는 평가다. 여기서는 조직의 리더가 브랜드, 문화, 브랜드와 사업의 미래를 어떻게 바라보는지 알아본다. 리더는 사람들 사이에서 그리고 기업 활동에서 목적이 확산되는 방식에 가장 강력한 영향을 미치는 사람이다. 그렇기 때문에 직접 얻은 통찰력이 결정적인 요소가 된다. 이런 통찰력과 핵심 지식을 알아내려고 조사 분석과 전략적 추출을 사용한다. 또 과거 역사에서 브랜드를 정의한 말이나 행동에 관한 정보를 알아낸다. 브랜드가 사람들의 삶에서 어떤 역할을 했는가? 역사적으로 어떤 가치들을 일관되게 추구했는가? 추가적으로 이 지식들을 증류해서 소비자 통찰력을 뽑아내기 시작하면 연관성을 만들어주는 진짜 기반을 구축할 수 있다. 이렇게 해서 문화적 통찰력과 카테고리 통찰력, 감성과 연관된 소비자 통찰력을 찾아낸다. 이러한 통찰력들은 아래와 같이 분류해서 분석한다.

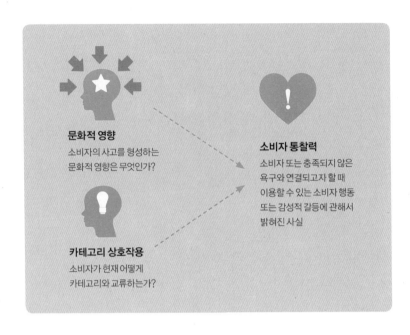

문화적 영향
소비자의 사고를 형성하는
문화적 영향은 무엇인가?

소비자 통찰력
소비자 또는 충족되지 않은
욕구와 연결되고자 할 때
이용할 수 있는 소비자 행동
또는 감성적 갈등에 관해서
밝혀진 사실

카테고리 상호작용
소비자가 현재 어떻게
카테고리와 교류하는가?

- 문화적 영향 렌즈: 사물을 바라보는 방식, 다른 사람들과 관계를
  맺는 행동 방식, 남에게 보여주고 싶은 모습에 영향을 미치는 소비
  자 추세
- 카테고리 상호작용 렌즈: 현재 카테고리와 교류하는 방식, 우리가
  알고 있다고 생각하는 것, 우리의 행동 방식
- 소비자 통찰력 렌즈: 인간의 행동과 감정에 관해 밝혀진 사실

소비자 통찰력은 카테고리 상호작용과 문화적 영향에서 도출된다.
여기서는 문화적 영향과 카테고리와 교류하는 방식 사이에서 생겨나는 갈등이나 충족되지 않은 욕망과 욕구를 찾아본다.

세 번째 창조 단계에서는 앞 단계에서 도출한 내용을 회의 의제로 올려 다양한 조직의 대표자들과 대화를 나눈다. 여기서는 최종 통찰력을 정의하고, 가치를 더 깊이 탐구하고 명확하게 하며, 목적으로 표현한 것들을 검토한다. 토론과 연습은 앞 단계에서 도출한 내용을 중심으로 이루어지고, 때때로 동영상과 사진, 발언 내용, 조사 자료 등 많은 것들이 동원된다. 이런 토론이 몰입을 이끌어내고 자발적으로 표현하고 참여하며 정직하고 활발히 이루어지도록 장려해야 한다. 여러분이 바라는 결과물이 앞서 설명했던 '왜, 어떻게, 무엇을'이라는 질문의 답이라는 사실을 명심하기 바란다.

마지막은 명료화 단계다. 여기서는 연관성을 확보하기 위해 결과물을 강화하고 통찰력에 비추어 검증하며, 가장 영감을 많이 불러일으키는 방식으로 표현한다. 소통은 브랜드와 조직에 적합한 방식으로 결정된다. 전략도 명료화한다. 이제 이 탐나는 맞춤형 정보를 얻은 브랜드는 소비자와 감성적 연결을 구축할 수 있는 새로운 기반을 갖추게 된다.

물론 이것은 목적을 발견하는 여정의 시작에 불과하다. 새롭게 발견한 목적을 말과 가치로 표현하거나 거기에다 사진과 소리를 더할 수도 있다. 혹은 더 나아가 사고방식과 행동 방식, 공유 방식에 그 목적을 적용할 수도 있다. 이렇게 하면 공유 가치를 통해 사람들과 강력한 감성적 관계를 구축할 기회가 생긴다. 브랜드가 만들어내는 가치를 소비자가 신뢰할 때 공유 가치가 생겨난다. 브랜드는 그러한 가치들을 어떻게 그려내는가? 소비자의 감성적 욕망과 연관성 있는 목적에 따라 생각하고 행동하고 공유함으로써 그렇게 한다. 스토리스케이핑에서는 소비자 통찰력을 이용해 감성적 욕망을 끌어내고, 결과적으로 브랜드는 감성적 연관성을 얻어 소비자와 연결될 수 있다.

6

성장을 이끄는
진정한 브랜드 행동

앞에서 조직의 존재 이유나 신념인 브랜드 목적을 살펴보면서 여러분의 조직이 왜 존재하는지, 사람들이 왜 관심을 가져야 하는지 그 질문에 대한 답을 강조했다. 이제 성공적인 스토리스케이핑의 다음 기둥을 살펴보자. 이 기둥은 '어떻게'와 '무엇을'을 다룬다.

여기서는 여러분의 조직이 소비자 욕구를 만족시키는 수단과 운영 방식, 소비자, 제품이나 서비스를 다루는 방식을 소개한다. 이 간단한 것들은 직접 연결될 때 큰 힘을 발휘한다. 운영 방식은 언제나 목적에 기반을 두고 목적을 뒷받침해야 한다. 제품이나 서비스로 제공하는 것은 목적('왜')뿐만 아니라 만드는 방식과 전달 방식('어떻게')의 진짜 결과물이어야 한다. 이것은 목적을 지닌 행동과 역할로 나타난다. 즉 목적에 따라

'생각하고 행동하고 공유'해야 한다.

행동은 말보다 더 큰 울림이 있다. 그러므로 우리의 행동, 즉 우리가 하는 일과 행동하는 방식이 브랜드 인식에 크게 기여한다. 행동은 말(자신에 대해 하는 말)보다 훨씬 큰 가치를 낳는다. 사실 유료 광고를 전혀 하지 않고도 놀랄 만큼 강력한 브랜드를 만들 수 있다. 이 방법은 추천하고 싶지 않지만 분명히 사용할 수 있는 것이다. 이와 반대로 잘 만든 광고를 많이 내보낼 수도 있다. 하지만 쓰레기 같은 제품과 형편없는 경험을 제공하거나 비양심적인 행동을 한다면 그 사업은 망한다.

브랜드와 서비스, 혹은 제품과의 모든 상호작용은 경험이다. 이런 경험들은 분리할 수 없다. 사람들은 언제나 그런 경험을 염두에 둔 채 브랜드 포지셔닝(전달 방법)을 생각하고 싶어 한다. 제품이나 서비스는 그런 경험을 그 자체로 존재하게 만드는 기능적인 노력이다. 경험의 유형과 그 경험이 여러분의 기능적 욕구를 만족시키는 방식, 경험이 브랜드 스토리와 연관되는 방식, 이 모든 것이 서로 연결되는 방식은 몰입할 수 있는 경험의 세계를 구축하는 데 중요한 요소가 된다. 연결된 경험들을 효과적으로 스토리스케이핑하려면 브랜드 역할과 브랜드 포지셔닝을 이해해야 하고 기능적 제품과 서비스가 경험을 가능하게 하는 방법, 포지셔닝과 제품이 목적과 진정으로 일치하는 방식을 이해해야 한다. 이 문제를 논의하고 난 후에는 제품이나 서비스를 스토리스케이핑의 조직화 아이디어를 정의하는 데 도움이 되는 '선물'로 포지셔닝할 수 있는 방법을 살펴보자.

복잡한 세상에서 브랜드 스토리로 포지셔닝하기

모든 사람들이 선택 과정에 질려버린 경험이 있었을 것이다. 커피 한 잔을 주문한다고 해보자. 오늘날 소비자는 카운터로 다가가기 전에 여러 가지 선택을 해야 한다. 크기는 어떤 걸로 주문할까? 커피로 할까, 아니면 뭔가 색다른 뜨거운 음료로 할까? 커피는 어떻게 볶은 걸로 주문할까? 진하면서 시큼한 맛이 없게, 부드럽고 그윽하게, 혹은 상큼하게 볶은 걸로 할까? 시럽은 얼마나 넣을까? 어떤 달콤한 맛을 넣을까? 우유를 넣을까? 아니면 다른 것을 넣을까? 혹은 커피만 주문할까? 커피를 마시면서 디저트도 주문할까? 아니면 커피를 마신 후에 사탕을 주문할까?

톰	난 디카페인 커피를 마실 거야.
트루디	난 디카페인 에스프레소.
모리스 프로스트	난 더블 디카페인 카푸치노.
테드	난 디카페인 커피 아이스크림 줘.
해리스	난 레몬 한 조각을 넣은 하프 더블 디카페인에 카페인을 조금 넣은 걸로 할래.
트루디	나도 레몬 한 조각 넣어줘.
톰	나도 같은 걸로.
모리스 프로스트	나도 그걸로 줘.
신시아	나도 레몬 한 조각 넣어줘.　　　　　 – 영화〈L.A. 이야기〉중에서

이 우스꽝스러운 대화는 20년도 넘은 것이지만 요즘 소비자들의 딜레마를 적절하게 설명해준다. 1991년에는 이것이 로스앤젤레스 사람들의 우스꽝스러운 삶을 묘사하는 과장된 대화였지만 오늘날에는 이런 상황이 전혀 과장된 것이 아니다. 선택권은 그때보다 두 배 정도 더 많아졌다. 선택의 세계, 특히 기대를 충족시키고 제품을 개개인의 취향에 맞추려는 마케터의 노력 덕분에 선택의 폭이 커진 세계에서 브랜드를 포지셔닝하는 방법은 여행지의 이정표가 된다. 이것은 브랜드로 이정표를 세울 때 사용하는 상징에 첨부된 스토리를 통해서 가능해진다. 이런 스토리는 소비자에게 새로운 것이고 브랜드에 의해 창조한 것이거나 과거에 브랜드와 그 제품 및 서비스를 경험하고 그와 상호작용한 소비자들의 스토리이다.

시장에는 선택권이 매우 많고, 브랜드는 훨씬 더 큰 문제에 봉착해 있다. 훨씬 많은 스토리와 훨씬 많은 경험이 널려 있기 때문이다. 여기서 목표는 소비자가 단순하게 가위, 바위, 보로 선택하는 위험을 제거하고, 브랜드와 브랜드가 창조하는 스토리와 경험을 기초로 해서 보다 더 감성적으로 반응하도록 하는 것이다. 브랜드는 상징이며, 브랜드 스토리뿐만 아니라 브랜드와 그 제품과 함께하는 소비자 경험을 이끌어낼 방아쇠가 될 수 있다. 브랜드를 포지셔닝하는 방법을 강화하면 브랜드가 말하는 스토리와 브랜드가 불러내는 경험에 직접 영향을 미칠 수 있다.

현실은 소비자가 현명하다는 것이다. 소비자들은 구매의 본질에 대해 훨씬 더 많이 알고 있다. 무엇을 찾아야 하는지, 어디서 조사해야 하는지, 제품을 구매할 때 누구에게 물어봐야 하는지 잘 알고 있다. 그 결과는 어떻게 될까? 각각의 욕구를 지닌 스토리를 구성하는 다양한 콘텐츠와 정보가 나온다. 소비자가 '영웅'이 되어야 한다는 사실을 명심하기 바란다. 즉 어떻게 해서든 제품이나 서비스를 통해 소비자라는 영웅을 도와주거나 소비자에게 힘을 부여하려면 브랜드 포지셔닝이 필요하다는 뜻이다. 기능적인 측면을 뛰어넘어 그 이상의 일을 효과적으로 해내면 브랜드와 제품이 소비자 스토리에서 의미 있는 역할을 한다. 그리고 소비자 스토리는 길을 알려주는 커다란 이정표가 될 수 있다.

소비자에게 너무 많은 선택권을 주지 마라

사람들은 예전과 달리 더 이상 편협하게 브랜드 이름에만 신경 쓰지 않는다. 대신 브랜드의 특성인 제품과 서비스의 총체적 경험에 훨씬 더 큰 관심을 쏟는다. 보편적 만족에 대한 기대치가 높아지면서 소비자에게는 더 강력한 힘이 실렸다. 예컨대 몰리라는 여성이 봄셸 블론드^{Bombshell Blonde} 미용실에 갔는데, 미용실 직원이 자신의 헤어 스타일을 천박한 매춘부처럼 만들어놓았다면 몰리는 이제 그 일에 관해서 감성적인 말과 사진, 동영상으로 모든 친구들에게 영향을 끼칠 수 있는 능력을 얻었다. 몰리는 이웃을 포함해서 많은 사람들에게 영향을 미칠 수 있다. 몰리의 소셜 미디어 친구들과 추종자들은 간단하게 마우스를 클릭하고 콘텐츠를 공유해서 몰리의 경험을 확산시킬 수 있다. 그렇게 되면 여러분이 알아차리기도 전에 봄셀 블론드는 파격 할인에 들어갈 것이다.

원하는 것을 가질 수 있는 힘 있고 다양한 소비자 집단의 기대 수준이 끊임없이 부풀어 오르면 소비자에게 원하는 것을 주라는 간단한 마케팅 지령이 떨어진다. 기대 수준이 높고 다양한 소비자 집단을 만족시키려면 선택의 기회를 제공해야 한다. 이것은 소비자 연구에서 도출된 마케팅의 기본 원칙이다. 소비자 연구에 따르면 소비자가 원하는 것을 만들어주고 소비자 욕구를 만족시켜야 한다.

그렇게 할 때 마케팅 결과의 범위가 넓고 구체적인 소비자 욕구를 목표로 삼는 능력이 생긴다. 이에 따라 소비자는 자신의 욕구를 만족시키는 선택을 할 수 있다. 이 모든 것이 함께 맞물려 작용한다. 이때 주의 깊게 일을 진행해야 혼선을 빚지 않는다. 선택권이 너무 많으면 소비자가 길을 찾는 데 도움이 되는 포지션을 구축하기가 훨씬 어려워진다. 공유 경험과 공유 가치로 의미 있는 연결을 구축하려는 목표가 방해받을 수도 있다. 또 다른 위험은 소비자가 찾거나 지불하고 싶은 것 이상으로 너무 많은 것을 제공할 수 있다는 것이다. 그렇기 때문에 스토리의 부가적 가치가 중요하다. 브랜드가 확실한 제품 전달 수단만 갖고 있다면 연관성 있는 다양한 제품군을 갖추는 것이 전혀 잘못된 일은 아니다.

여러분은 소비자가 자신의 이야깃거리로 만들 수 있는 명쾌하고 명확한 브랜드 스토리를 가져야 한다. 그리고 사업을 확장할 때는 그 계획이 어떻게 여러분의 목적에 기초를 두고 있는지, 브랜드 스토리와 어떻게 연결되는지 깊이 숙고해야 한다. 그렇게 하면 혼란을 초래하지 않고 소비자들에게 선택권을 제공할 수 있다.

고객의 경험을 나침반으로 삼아야 한다

몇십 년 동안, 아니 몇 세기 동안 마케팅은 대체로 제품이나 서비스 차별화에서 시작되었다. '제품이나 서비스의 독특한 특징이 뭘까? 이것을 알면 제품과 서비스를 널리 퍼뜨릴 수 있다. 창의성을 발휘하면 잡동사니들 사이에서도 부각될 수 있고, 브랜드의 감성적 가치를 이용할 수 있다. 더 나아가 재고가 쌓이지 않게 할 수 있다.' 귀에 익은 말 같지 않은가? 간단히 말하자면 이런 차별화 전략은 4P(Product, Price, Place, Promotion : 제품, 가격, 유통, 판촉—옮긴이) 마케팅 전략과 더불어 많은 기업에서 상당히 효과적이었다. 사실 오늘날에도 많은 기업들이 여전히 그런 식으로 마케팅을 하고, 어느 정도 그 방식이 통한다.

하지만 그것은 일시적인 효과만 줄 뿐이다. 그래서 머지않아 이윤을 올리기 어려워질 수도 있다. 심지어 마약에 중독된 것처럼 광고에 의지하게 될지도 모른다. 점점 치열해지는 경쟁과 대량 유통, 소셜 네크워크 연결은 이런 단순한 접근법에 아주 빠르게 타격을 입힐 수 있다. 하지만 스토리텔링이라는 전통적인 지식을 간직하고 이용하는 게 좋다고 생각하는 것처럼 고전적 마케팅의 몇몇 기본 원칙들은 아직도 그 역할을 해야 한다. 다만 이러한 기본 원칙들을 사용하는 방식은 새로운 접근법이 필요하다.

이러한 핵심 원칙들 가운데 일부는 여전히 효과적이다. 소비자가 아직도 단순히 기능적 욕구만 지니고 있기 때문이다. 이 사실은 무시할 수 없으며, 강력하고 의미 있는 공유 경험들을 만들어낼 때 이용할 수 있다. 공유 경험은 회사가 제공하는 제품이나 서비스로 충족되거나 해소되는 욕구에서 파생된다. 상호작용 자체가 공유 경험을 만들어낸다. 브랜드와 소비자가 여러 방식으로 몰입 경험들을 공유하는 세계를 스토리스케이핑으로 창조하는 것이 우리의 목표다. 그렇기 때문에 제품/서비스, 유통의 가치를 이해하고 이용하는 일이 매우 중요하다. 그래야 그러한 경험들을 진정으로 극대화할 수 있다. 이렇게 하면서 브랜드 목적을 따르면 감성적 연결을 유지하는 데 도움이 된다. 기능적인 것과 감성적인 것은 실질적으로 분리할 수 없다는 것을 잊지 말아야 한다.

제품의 질이 떨어지거나 표준 이하의 방식으로 유통되면 소비자가 브랜드에 대해 품고 있는 긍정적인 생각이 타격을 입는다. 선의로 저지른 실수 한 번 정도는 괜찮다. 어쩌면 두 번도 눈감아 줄 수 있다. 하지만 어떤 유형이든 업무 수행이 형편없다면 결국에는 소비자 연결이 끊어지고 여러분의 잠재적 홍보대사가 부정적인 소비자로 돌변할 것이다. 떠나버린 소비자들을 대신할 신규 고객들도 유치하지 못하게 된다.

새로 생긴 레스토랑에서 몇몇 친구들과 함께 식사를 한다고 가정해 보자. 이 레스토랑은 요리 평론가들한테서 격찬을 받았다. 테이블을 지정해서 예약할 수 있는 멋진 웹사이트도 개설했고, 『어번대디(Urban-Daddy)』(미국의 라이프스타일 전문 잡지-옮긴이)를 통해 이메일로 홍보를 한다. 여러분은 기대에 부풀어 그곳에 도착한다. 실내 장식은 마음에 쏙 들지 않지만 그런대로 괜찮다. 분위기도 좋고 음식도 괜찮다. 하지만 종업원이 약간 거만하다. 종업원에게 뭔가를 가져다달라고 할 때마다 그런 느낌을 받는다. 종업원은 맡은 일을 하고, 적절한 질문들을 던지며, 음식을 흘리지 않고 서빙한다. 그런데도 여전히 마음이 편하지 않아 그 경험에 완전히 몰입하지 못한다. 결국 여러분은 그다지 감동받지 못한 채 레스토랑을 나온다. 이 레스토랑은 자신의 목표를 달성하지 못했다. 훌륭한 식사를 제공하지 못했던 것이다. 고객이 레스토랑에 오기 전에 구축했던 감성적 연결과 고객의 실제 경험이 일치하지 않았기 때문이다.

누구나 이런 경험을 해봤을 것이다. 이 레스토랑이 어땠냐고 누군가 묻는다면 여러분은 아마도 음식이야 괜찮았지만 서비스가 형편없었다고 말할 것이다. 왜 그랬는지를 세세하게 논리적으로 설명할 수 없더라도 말이다. 그냥 그 레스토랑을 추천하고 싶지 않은 것이다. 그 경험을 여러분 세계의 일부로 만들고 싶지 않을 뿐이다. 그저 실망스럽고, 애초에 그 레스토랑의 소통 방식과 온라인 경험으로 기대했던 느낌, 즉 감성적 연결과 끊어진 것이다. 요점을 말하자면 제품(음식과 환경)과 마케팅 경험(소통 방식과 웹사이트)이 좋고 훌륭하기까지 했음에도 다른 요소들이 그 경험에 영향을 끼쳤던 것이다. 이런 경험에 균열이 생기면 감성적 연결이 끊어질 수 있다. 이처럼 제품과 서비스는 경험을 불러일으키는 조력자라고 늘 생각해야 한다. 제품과 서비스는 디지털 상호작용, 얼굴을 마주보고 나누는 대화 등 모든 채널과 결부된 경험 공간을 통해 연결되어 있어야 한다.

　우리는 종종 마케팅 부서를 재편하는 최고 마케팅 책임자들을 어떻게 도와줘야 할지 자문 의뢰를 받는다. 일반적으로 조직 설계에 관해서 묻거나 '어떤 사람을 고용하고, 어떤 기술을 사용해야 하는지 말해'달라고 한다. 그런데 기술 부족은 문제가 되지 않는다. 그보다는 조직의 사고방식이 잘못된 경우가 많다. 이때 우리는 여행 산업과 접대 산업이(완벽하지는 않지만) 좀 더 나은 모델을 제공해준다고 말한다. 대개 이런 분야의 조직들은 고객의 경험을 나침반으로 삼아 나아가기 때문이다. 이것은 소비자를 스토리의 중심에 두고 훌륭한 조직 행동을 하도록 추동하는 효과적인 사고방식이다. 감성적 연결을 구축하는 데 마케팅 투자가 집중되어 있지만 그에 못지않게 기능적 측면(특히 서비스 측면)을 일치시키는 일도 중요하다. 이 일을 해내려면 기능적 해결 방안도 경험의 한 요소로 간주해야 한다. 사실 기능적 해결 방안은 경험의 기본이다. 소비자는 언제나 자신의 욕구를 충족시키려 하기 때문이다. 소비자의 욕구를 해소해주는 것은 공유 경험의 기본이다. 또한 경험의 공유 없이 브랜드 스토리만 전하는 것은 전체 상황의 3분의 1에 불과하다.

　레스토랑의 서비스 상황이 아니라도 일상적인 욕구와 제품의 관계에서도 똑같은 일이 일어난다. 매일 아침 일어나면 의식을 하든 못하든 상관없이 숨을 쉬어야 한다. 이처럼 산소 21퍼센트가 함유된 공기 한 줌을 들이마시는 것은 생물학적인 기본 욕구다. 이것은 매우 기능적이고 본능적이다. 호흡은 매우 필수적인 행동이지만 그 행동에 제약이 따르지 않는다면 그다지 감성적인 반응을 불러일으키지 않는다. 그렇기 때문에 호흡은 경험으로 간주되지 않을 것이다. 하지만 다시 한 번 살펴보자. 욕구(숨을 쉬어야 하는 필요성)는 긍정적 경험(삶)을 가능하게 해주는 행위나 행동(숨 쉬는 것)과 더불어 제품(공기)으로 해소된다.

기능적 욕구는 여기서 그치지 않고 발전한다. 예컨대 이를 깨끗이 하고 싶다는 기능적 욕구가 생길 수 있다. 남자의 경우를 예로 들어 설명해보자. 먼저 욕실로 가서 치약과 칫솔, 비누, 보습 크림, 면도 크림, 방취제, 구강세척액, 애프터 셰이브 로션, 면도날, 자외선 차단 크림, 헤어용품, 빗 등을 마주보게 된다. 이 모든 물건들은 침실에서 가까운 곳에 있다. 각각의 제품은 신선한 공기나 단정한 머리카락처럼 사람의 욕구를 불러일으키거나 만족시킨다. 그 모든 제품이 욕구(기능적 욕구와 감성적 욕구)를 충족시키려고 한다. 이런 제품이나 브랜드와 상호작용하는 방식 그 자체가 경험이다.

어떤 행동이 일어나고 사람들이 제품을 사용한다. 그러면서 사람들은 제품의 전달 방식과 촉감, 냄새, 모양 등을 경험한다. 이 모든 것들은 사람들이 제품과 브랜드, 자기 자신에 대해 어떻게 느끼는지 연결해준다. 다소 극단적이라고 생각할지도 모르지만 브랜드를 만들고 사업을 키워나갈 때는 이 모든 것이 중요하다. 더 이상 제품을 디자인 관점으로만 보지 말고 경험의 관점에서 좀 더 깊이 살펴봐야 한다. 그렇게 하면 무한경쟁 사회에서 제품 차별화의 새로운 장을 열 수 있다.

욕실에는 하루를 시작하자마자 생겨나는 '욕구들'을 충족시키는 제품들이 있다. 이 분야는 미국에서 대략 680억 달러의 시장 규모를 차지한다. 마케팅 투자 관점에서 보면, 브랜드 광고에 약 68억 달러를 쓴다. 전세계를 통틀면 그 투자 금액이 엄청나다. 여기에는 물리적 경험(웹사이트에서 제품 형태까지)을 가능하게 만드는 데 들어가는 상당히 많은 비용이 포함되지 않았다. 이 경험을 날카롭게 분석하면 그런 제품들과의 상호작용이 모든 측면에서 그 경험의 일부임을 알 수 있다.

제품의 개발, 포장, 유통, 판매 전 과정이 다 중요하다. 왜 그런가? 욕구를 충족시켜주기 때문이다. 제품의 맛과 촉감, 모양, 작동방법 등은 상당히 중요하다. 기능적 특성들이 소비자의 제품 경험에 영향을 미치기 때문이다. 동시에 이런 경험은 레스토랑 경험처럼 소통과 다른 브랜드 상호작용을 통해 형성된 기대감과 브랜드와의 연결에 기초를 두고 만들어진다.

예컨대 제품에 결함이 있어서 소비자가 고객 서비스센터에 전화해 불만을 늘어놓는다고 가정해보자. 그렇게 소통하는 동안 소비자를 다루는 방식은 제품과 브랜드 경험에 이로울 수도 있고 해로울 수도 있다. 제품을 구매하는 곳도 관계가 있다. "내가 선호하는 향이 나는 제품 재고가 내 단골 가게에 있나?" 이 모든 것이 기능적이기 때문에 마케팅의 기능적 실체는 분명 존재한다. 이러한 기능성은 제품과 서비스 전달의 핵심 특징이다. 브랜드 세계 내에서 그러한 기능성을 몰입 경험의 일부로 이용하는 것은 새로운 기회가 열리는 것과 같다. 제품이나 서비스, 유통 등등을 브랜드의 목적과 일치시키는 것은 제품 전달 방식을 결정짓는다.

그것이 성공의 관건이다.

브랜드도 '언행일치'가 필요하다

여러분의 기업이 일상 업무를 수행하는 방식과 사람들을 대하는 방식, 제품이 일상적인 욕구들을 충족시켜주는 방식은 여러분의 목적을 달성하는 데 매우 중요하다. 이것은 브랜드와 기업이 기능적 해결 방안 이상의 연결을 구축하는 방식이다. 제품이나 서비스가 기능적 해결 방안을 제공하는 것은 기본이다. 여러분이 어떻게 행동하느냐에 따라 그 효과와 연관성이 실제로 공유 경험을 만들어낸다. 그렇기 때문에 놀라운 힘을 지닌 소비자와 복잡다단하게 연결된 세계에서는 말로만 떠들지 말고 직접 몸으로 보여줘야 한다. 여러분 자신의 목적에 충실하면서 말이다. 또 여러분의 행동은 진실하고 투명해야 한다. 대중매체를 통해 과장된 광고 메시지들을 쏟아 부어 실체를 속이는 방법은 더 이상 통하지 않는다. 탁월한 브랜드의 성장 과정을 살펴본다면 진실한 접근법을 사용하고, 진실하게 행동하며, 진실한 경험을 창조한다는 사실을 알 수 있을 것이다.

"안팎이 모두 투명해야 한다. 브랜드가 말하고자 하는 바와 실제로 브랜드(기업)가 행하는 바가 서로 모순되지 않는지 너무나 많은 관심이 집중되므로 브랜드는 항상 진실성이 필요하다." 영국의 유명한 패션 디자이너 비비안 웨스트우드는 이렇게 말했다. 웨스트우드는 혼자 힘으로 성공한 영웅이며, 자신의 패션 브랜드를 성공시키고 그 명성을 지켜오고 있다. 웨스트우드의 브랜드는 펑크록 시대부터 지금까지 자사의 관점을 정직하고 솔직하게 표현함으로써 이 세계에 도전했다. 그러한 진실성이 바로 웨스트우드 브랜드의 주춧돌이었다. 웨스트우드가 자신의 디자인으로 창조한 경험은 물론이요, 그 디자인 때문에 생겨난 경험과 더불어서 말이다.

우리는 웨스트우드와 다양한 토론을 했다. 그녀의 브랜드와 행동주의activism, 작품을 연구했고, 그 결과 스토리가 오랜 세월에 걸쳐서 어떻게 진실성 있게 활동을 펼쳐왔는지 깨달았다. 웨스트우드가 자신의 출발점인 펑크 운동 이후에도 계속 성공해왔다는 간단한 사실은 연관성을 유지하면서 융통성 있게 행동해왔음을 입증해준다. 게다가 그녀의 스토리는 연결 방식과 소통 방식, 공유 방식, 이야기 전달 방식이 크게 달라진 대혁신 시대를 관통해왔다. 웨스트우드의 스토리는 그런 변화된 방식의 힘을 진정으로 반영하고, 존재 이유나 목적이 무엇이든 상관없이 투명성과 진실성이 중요하다고 강조한다. "옷을 디자인할 때는 내가 그 옷을 좋아해야 하고, 그 옷에는 언제나 스토리가 있다. 하지만 여러분은 그 옷들을 다른 사람들에게 입힌다. 다시 말해서 사람들이 그 옷을 입고 옷의 스토리가 그들의 개인적 스토리의 일부가 된다."

웨스트우드는 또한 팔로마 피카소Paloma Picasso(보석회사 티파니의 디자이너. 화가 파블로 피카소의 딸—옮긴이)가 사망하기 직전에 이브 생 로랑Yves Saint Laurent에게 디자인에 대해 감사를 표했던 스토리를 들려준다. "팔로마는 이브에게 감사하다고 했어요. 자신을 보다 더 에스파냐 사람답게 만들어주고, 훨씬 더 40대답게, 팔로마 자신답게 만들어주었으며, 보다 극적으로 만들어줬다는 것이지요. …… 팔로마는 이브에게 '당신이 내게 나 자신을 주었고, 내가 당신의 옷을 입음으로써 나의 모든 면을 새롭게 발견하게 되었어요'라고 말했죠."

이것은 진실성을 핵심으로 삼아 디자인을 창조하는 방법을 말해주는 스토리다. 이처럼 진실하게 창조된 디자인은 옷을 입은 사람들의 경험을 만들어주고, 궁극적으로 그 경험은 소비자 스토리의 일부가 된다. 모든 브랜드가 이브 생 로랑이나 비비안 웨스트우드가 될 수는 없지만 목적에 부합되는 진실된 행동의 가치는 소비자와 관계를 맺을 때 보다 더 의미 있는 연결과 경험을 구축하는 데 이바지한다.

진실성만으로는 경험을 불러일으키지 못한다. 진실성은 브랜드 목적과 경험의 관계를 정의해야 하지만 큰 변화를 일으키지는 못할 것이다. 큰 변화가 일어나려면 영감과 경험이 필요하다. 진실성을 이끌어내는 관건은 끊임없이 목적에 헌신하는 것이다. 존재 이유와 목적이 흔들리면 진실한 것과 정신과 문화의 연결 상태가 끊겨버린다. 최고경영자들뿐만 아니라 기업 내 모든 부서의 훌륭한 리더들은 브랜드 문화에 흠뻑 젖어 있고, 브랜드 목적에 충실한 사람들이다. 여러분 조직에서 그런 사람이 누가 있는지 생각해보자. 여러분의 일상적인 행동 방식, 여러분이 생산하는 것, 혹은 제품이나 서비스를 가지고 하는 일에 진실성과 목적을 보다 더 강하게 불어넣을 수 있는 방법은 뭘까?

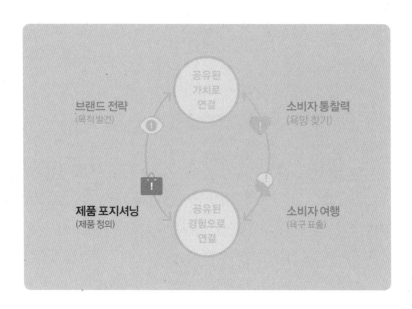

서비스나 제품, 혹은 이 둘의 결합품(서비스 제품)을 위해 진실성과 목적을 더욱 불어넣으려면 소비자들의 기대를 이해해야 한다. 그러기 전에 (소비자 욕구와 욕망은 7장과 8장에서 다룬다) 경험을 만들어내기 위해 진실한 목적 지향적 방식으로 작동하는 제품과 서비스의 기능을 파악했으니, 이제는 브랜드와 제품/서비스를 포지셔닝하는 방법을 살펴보자.

소비자를 영웅으로 만드는 접근법

앞서 언급했듯이 스토리와 경험의 차별화로 장기적인 혜택을 얻을 수 있다. 브랜드가 차별화에 성공하려면 조직화 아이디어가 필요하다. 조직화 아이디어는 브랜드의 스토리스케이프를 통해 얻는 그런 유형의 경험을 불러일으키도록 도와준다. 제품이나 서비스를 포지셔닝하는 방법은 조직화 아이디어의 한 기둥이 된다. 조직화 아이디어는 제품이나 서비스를 포지셔닝하는 방식과 관련된 경험들을 체계화한다. 그렇게 해서 소비자의 기능적 욕구와 결부된 연관성과 연결을 확실하게 보장해주고, 결과적으로 브랜드 스토리에 참여할 수 있는 공유 경험들을 되살린다.

오랜 세월 동안 많은 모델과 접근법은 포지셔닝 정의를 목적으로 삼았다. 혹은 SMP(single-minded propositions), 가치 선언문, 육하원칙 접근법, 브랜드 핵심(Brand Essence), 브랜드 전형(Brand Archetype) 등을 정의하려고 했다. 이런 것들은 여러분의 기호와 신념, 접근법, 욕구에 토대를 두고 가치를 제공하며 각각의 역할을 한다. 사실 창업 지원을 받으려고 한다면 가치 제안이 핵심이다. 하지만 세계를 구축하고 있거나 경험을 만들어내고 있다면 그런 것들은 도움이 되지 않는다. 여기서는 조직화 아이디어를 통해 브랜드 스토리와 연결되는 경험의 차원으로 발전하고 나아가야 한다. 이 새로운 차원은 공유 경험과 조직화 아이디어를 위한 포지셔닝에 훨씬 더 적합하다. 여러분의 제품이나 서비스를 '선물'로 정의함으로써 여러분의 브랜드가 멘토 역할을 할 수 있고, 소비자가 경험과 스토리와 연결될 때 그 경험과 스토리의 영웅이 될 수 있어야 한다는 점을 명심해야 한다.

영웅에게 어떤 선물을 줄 것인가?

스토리스케이핑 접근법과 관련해서 좀 더 심도 있게 알아보자. 먼저 소비자라는 영웅은 감성적 욕망을 지니고 있고, 그래서 그 욕망들을 충족하려고 한다. 브랜드는 훌륭한 멘토처럼 목적(신념과 존재 이유)을 통해 영웅의 욕망과 하나가 되고, 그렇게 함으로써 영웅의 욕구 만족 추구를 감성적으로 지지하고 격려한다. 이로써 영웅과 멘토가 공유하는 가치가 생겨난다. 이 만족 추구는 허상이 아니라 진짜다. 영웅은 자신의 욕구를 만족시키기 위해 행위의 여정을 떠난다. 그 여정에서 멘토는 영웅의 욕망을 만족시켜주고 공유할 수 있는 여행(경험)을 창조하는 마법의 선물(제품이나 서비스)을 제공해 영웅을 도와준다. 이런 이야기 줄거리는 조직화 아이디어로 직접 짜낸 것이다.

이 개념들을 보다 더 확실하게 이해할 수 있도록 몇 가지 연습 문제를 직접 풀어보자. 여러분의 조직을 이용해 아래 이야기의 빈칸을 채워보자.

소비자 욕구를 만족시키는 영웅의 여행에서 우리는 멘토로서 제안, 핵심 차별화 요소, 가치를 가능케 하는 마법의 선물인 제품/서비스를 제공함으로써 경험의 체택을 얻을 수 있는 여행을 창조한다.

이번에는 몇 가지 실제 사례를 소개하겠다.

좀 더 건강하고 몸매 좋은 사람이 되고자 하는 영웅의 여행에서 우리는 멘토로서 영웅들이 자신들의 일상 활동을 마법적으로 모니터하고 공유할 수 있게 해주는 새로운 팔찌형 활동 모니터라는 선물을 제공하고, 그렇게 함으로써 강도 높은 신체 활동에 참여하고 그 참여를 공유할 여행을 창조한다.

지루함과 싸우는 영웅의 여행에서 우리는 멘토로서 지루한 시간을 멋지게 만들어주는 비타민 워터라는 선물을 마술 부리듯이 제공하고, 그렇게 함으로써 여러분을 덜 지루한 세상의 일부로 만들어줄 여행을 창조한다.

마을을 둘러보는 영웅의 여행에서 우리는 멘토로서 안팎으로 여러분을 멋지게 만들어주는 피아트 500이라는 선물을 제공하고, 그렇게 함으로써 여러분의 자동차 크기가 아니라 여러분의 '존재감'을 높여주는 여행을 창조한다.

이런 논리를 토대로 제품의 포지셔닝과 역할을 조직화 아이디어의 한 기둥으로 정의할 수 있다. 그렇게 하면 스토리 시스템이 알려지고 스토리스케이프가 형성된다. 이 모든 것이 연관성과 의미를 찾기 위해 소비자를 이해하는 일과 결부되어야 한다는 점을 잊지 마라.

7

소비자의 가치와
열망을 꿰뚫다

개와 주인이 외모와 성격이 서로 닮아가는 흥미로운 현상을 본 적 있는 가? 사람들이 이성적으로 그렇게 되려고 노력하는 것일까? 아니면 개를 깊이 사랑하다 보니 자연스럽게 그렇게 되는 것일까? 개에게 쏟는 정성은 종종 이성을 넘어선다. 개가 이성을 초월해서 무조건 주인을 사랑하는 것처럼 말이다. 개는 매일 집에 돌아오는 주인을 꼬리를 흔들면서 반갑게 맞이한다. 기분 좋은 날만 그러는 것이 아니라 매일 그렇게 한다. 주인이 자신의 깊은 속마음을 개에게 털어놓을 때면 개의 커다란 갈색 눈에서 연민의 빛이 흘러나온다. 좋아하는 장난감을 받았을 때 짓는 개의 표정은 또 어떤가? 개와 이렇게 상호작용을 하면 기분이 좋아지고, 이 상호관계는 손으로 만질 수 있을 정도로 명백하게 존재한다. 이것은 주인과 개의 감성적 연결과 관련되어 있다. 개가 실제로 미소를 지을 수는 없다 할지라도 주인은 이성이나 논리를 떠나서 개와 연결되어 있기 때문에 개가 미소 짓는다고 느낀다. 설령 개가 미소 짓는다고 상상한 것에 불과하더라도 그 미미한 반응을 알아차렸다는 사실에 감사한다.

사랑에 빠진다는 게 어떤 것인지를 표현하기 어려운 이유를 생각해 본 적이 있는가? 사랑은 사람들이 지닌 가장 감성적인 느낌들 가운데 하나다. 사랑이라는 느낌은 두뇌 깊숙한 곳의 감성적 유발 인자에서 나온다. 미안하지만 가슴에서 나오는 게 아니다. 과학자들은 오랜 세월 동안 감성적 사고와 이성적 사고의 차이를 이해하려고 인간의 두뇌를 연구했다. 일반적으로 복잡하고 놀라운 두뇌 내부에 감정과 논리를 담당하는 각기 다른 부분들이 있다고 알려졌다. 또한 언어와 표현처럼 학습된 기술들은 감정이나 느낌과는 다른 두뇌의 일부를 활성화시킨다고 한다. 논리는 당연히 사랑과 같은 감정보다 훨씬 설명하기 쉽다. 언어는 논리, 사랑은 감정이라는 전제에서 살펴본다면 사랑이 무엇인지 표현하기가 왜 훨씬 더 어려운지 확실하게 알 수 있다.

모든 결정이 간단하거나 논리적이지는 않다는 것을 설명해주는 사례들이 있다. 논리는 감정을 이끌어내지 않고, 감정은 논리만큼이나 행동과 관련되어 있다. 행동을 이끌어주는 논리가 없는 감정은 단순하게 느낌을 불러일으킬 뿐이다. 그렇기 때문에 경험 공간에서 브랜드와 소비자를 연결할 때 이성적 욕구와 감성적 욕망을 모두 살펴봐야 한다.

이번 장에서는 감성적 영향력과 욕망을 꿰뚫어보는 소비자 통찰력을 구체적으로 살펴보려 한다. 더 나아가 살펴봐야 할 것들을 보다 더 깊이 파헤치고, 소비자 통찰력에 관한 견해를 담은 몇 가지 아이디어들을 소개하겠다. 고맙게도 마케터, 심리학자, 사회학자, 조사기관 등 많은 사람들이 오랫동안 소비자를 연구해서 뛰어난 방법과 지식뿐만 아니라 귀중한 통찰력까지 제공해주고 있다. 이런 개념과 가르침 가운데 일부는 스토리스케이핑에 적용하고, 또 어떤 것들은 상황을 이해하기 위해 피상적으로나마 다룰 것이다. 그러나 여기서는 '집단 무의식'과 '사회화 원칙'이나 그와 비슷한 개념들을 깊이 파고드는 것이 아니라 스토리스케이핑과 관련되는 것만 파악하고 활용하고자 한다.

변하느냐 죽느냐, 그것이 문제로다

현재 우리가 변화의 세계에 살고 있다는 사실은 누구도 부인하지 못한다. 어떤 사람들은 변화의 속도가 현대 기술에 힘입어 예전보다 훨씬 빨라졌다고 말한다. 실제로 모든 것이 예전보다 훨씬 빠르고 커지고 더 나아지고 더욱 세련되어 간다. 심지어 휴대전화기도 '스마트폰'이 되지 않았는가. 이것은 진화이며, 모든 세대가 그런 진화를 목격하고 있다. 이미 직장에서 은퇴한 베이비부머 세대부터 Y세대, X세대, Z세대에 이르기까지 어떤 세대든 상관없이 누구나 어느 단계에서 '내가 젊었을 때는 말이지……'라고 말할 것이다. 그 누구도 변화의 흐름을 거스를 수 없다.

미국 육군 참모총장을 역임했던 에릭 신세키[Eric Shinseki] 장군은 이렇게 말했다. "변화를 좋아하지 않는다면 훨씬 더 난처한 상황에 처하게 될 것이다." 이 말은 군대에 적응하는 문제를 가리키는 것이지만, 사회적 관계와 네트워크로 연결된 삶이 변화에 발맞춰야 한다는 점을 여실히 보여준다. 유비쿼터스 기술로 실현된 세계의 사회적 발현만큼이나 우리도 그러한 기대에 부응해야 한다. 상호작용하고 연결하며 삶을 공유하고 스토리를 전달하는 방식들은 상시 접속 기술의 영향을 받아 변화해왔다. 이제 그 기술은 우리 삶과 떼려야 뗄 수 없는 관계가 되었다.

그러나 스토리를 이용해 사람들과 감성적으로 연결되고 사람들의 참여를 이끌어내는 힘은 변하지 않았다. 왜 그럴까? 세계가 변하고 있음에도 감성적으로 반응하는 근원적인 심리가 달라지지 않았기 때문이다. 매슬로Abraham H. Maslow의 욕구단계설은 예전이나 지금이나 여전히 유효한 이론이다. 융Carl G. Jung의 원형과 집단무의식에 관한 이론들은 어떠한가? 물론 그것도 여전히 시대에 적합한 이론이다. 심리적 욕망과 관련된 이런 이론과 개념들은 상당히 유익하다. 우리는 똑같은 '사람'이라는 사실을 기억하는 것도 중요하다. 우리는 모두 서로 다르지만 복잡하고 불완전한 존재이며, 변화의 세상에 살고 있고, 공통적으로 연결된 감성적 욕망들을 품고 있다. 이것들은 브랜드 스토리와 브랜드 연결에 이용할 수 있는 욕망들이며, 가치를 공유할 수 있게 해주고, 뛰어난 소비자 통찰력을 제공해주는 마법 같은 것들이다.

소비자의 뼛속 깊숙이 파고들어라

뛰어난 통찰력을 발견하고 재발견하거나 밝혀내려면 소비자 욕망의 맥락을 읽어내고 측정하는 것 이상이 필요하다. 뭘까? 바로 소비자의 뼛속 깊숙이 파고드는 것이다. 어디서든 가능하다면 통찰력의 이면을 깊이 파고들어 폭넓게 조사해야 한다. 다행스럽게도 사피언트니트로에서는 우수한 연구조사 팀과 통찰력 전문가 팀이 풍부한 지식과 정보를 제공해 주었다. 조사의 힘을 강력하게 믿고, 신정한 소비자 이해를 바탕으로 모든 스토리스케이핑의 응용 모델을 구축해야 한다. 구축 방식은 아무래도 상관없다.

여기서는 소비자 참여를 이끌어내기 위해 공유 가치, 공유 스토리, 공유 경험을 이용해 브랜드와 소비자를 감성적으로 연결하는 것이 목적이다. 이에 성공하려면 소비자를 진심으로 이해해야 한다. 소비자의 감정에 영향을 미치는 요소, 소비자가 제품에 대해 갖고 있는 느낌, 브랜드와 스토리, 경험이 고도로 연결된 상시 접속 세상에서 연관성을 적절하게 유지하는 방법을 찾아내야 한다. 그러자면 단순하게 관찰해서 얻는 것이 아니라 내면에서 끄집어내는 진정한 통찰력이 필요하다.

통찰력은 광범위한 의미를 지닌 단어다. 마케팅 분야에 종사하는 사람들은 종종 그 단어를 남발하거나 심지어는 잘못 사용하기도 한다. 마케팅 업계에는 '통찰력 전문가'들이 있다. 이런 사람들이 존재한다는 것은 소비자를 이해하고자 하는 욕망이 있다는 뜻이다. 메리엄 웹스터 사전에서 통찰력은 '사람과 상황을 매우 명확한 방식으로 이해하는 능력' 이라고 정의되어 있고, 이어서 '사물의 내적 본질을 파악하거나 직관적으로 보는 행동이나 그 결과'라고 설명되어 있다. 그러므로 뛰어난 소비자 통찰력을 얻으려면 사람들이 자기 일을 하는 이유와 그 일에 대한 감정의 내적 본질을 파악해야 한다. 이와 동시에 직감과 육감도 우수한 통찰력을 갖추는 데 한몫을 담당한다. 조사가 아무리 과학적이고 수학적이며 틀을 갖춘 기술과 관련되어 있다 해도 사람은 사람이다. 사람은 불완전하고 때때로 비이성적이므로 소비자 통찰력을 파악할 때는 직감과 경험, 다양한 이해와 접근법이 모두 필요하다.

브랜드와 관련된 소비자 통찰력은 이렇게 간주된다. '브랜드를 연결할 때 이용할 수 있는 인간 행동이나 감정에 관해 드러나는 사실' 또는 '브랜드와 기존의 소비자 혹은 미래 소비자 사이의 관계에 관한 새롭고 유익한 관점'이다. 통찰력은 때때로 널리 인정받는 진실이나 관습으로 드러난다. 사물의 모호성을 이해함으로써 통찰력을 얻을 수도 있다. 달리 말하자면 통찰력은 처음에는 불명확하거나 한눈에 파악하기 힘들 수도 있지만 그 발견 과정에서는 언제나 진실이 흘러나와야 한다.

스토리스케이핑에서 조직화 아이디어의 네 기둥 가운데 하나가 소비자 통찰력이다. 이러한 통찰력 중에서 브랜드와 소비자를 감성적 차원에서 적절하게 연결해주면서 브랜드 스토리를 만드는 데 필요한 창의성을 불러일으키는 한 가지 중요한 통찰력이 있다. 여기서는 강력한 동기를 부여해주는 이런 통찰력을 살펴보고자 한다. 뛰어난 브랜드 스토리는 뛰어난 통찰력에서 나온다. 소비자의 감정과 느낌을 꿰뚫어보는 이 특별한 통찰력은 브랜드가 소비자를 위해 해결해야 할 도전 과제를 명확하게 보여줄 것이다. 그것은 소비자의 일상적 경험과 태도, 의견, 혹은 가치를 반영하는 것이기도 하다. 또한 의미 있는 브랜드 연결을 구축하고, 소비자와 연결되는 스토리스케이프를 창조하는 데 결정적인 요소가 된다. 따라서 소비자를 이해해서 그러한 통찰력을 얻는 일에 노력을 아끼지 말아야 한다. 다른 사람들과 협력해서 여러 가능성과 기회를 살펴봐야 한다. 뿐만 아니라 특히 통찰력에 관해서는 직관이 강력한 도구이기 때문에 육감을 사용해야 한다.

스토리스케이핑 여행을 계속하면서 다양한 관점이나 렌즈를 통해 많은 다른 통찰력을 찾아볼 것이다. 앞으로 소비자 행동을 검토하고, 소비자와 제품들의 상호작용과 유통, 거래, 미디어, 콘텐츠를 소셜 미디어에서 검토해야 한다.

소비자의 감정과 욕망을 통찰하는 법

뛰어난 통찰력을 얻는 첫 단계는 소비자들에 대한 명확한 견해를 가지는 것이다. 소비자에 대한 정의가 구체적이고 탄탄할수록 더욱 집약된 통찰력을 얻을 수 있다. 이와 반대로 소비자 그룹이 광범위하면 통찰력도 대체로 광범위해질 수밖에 없다. 예를 들어 관광지를 홍보하는데, 잠재 고객들이 전 세계에 퍼져 있다고 가정해보자. 이 경우에 소비자 통찰력은 아마도 그 수준이 높을 것이고, 다양한 문화, 환경, 시장에서 자란 사람들에 대한 공통된(혹은 특별한) 감성적 이해를 포함하고 있어야 한다. 하지만 고등학교 졸업생들을 고객층으로 삼고 있다면 초점을 아주 구체적으로 맞출 수 있다. 이 두 경우는 모두 소비자-브랜드 연결 문제에 토대를 두고 있기 때문에 완벽하게 수용할 수 있다. 여기서 관건은 소비자-브랜드 연결을 정의하는 것이다. 그렇게 할 때 욕망을 갖고 있는 소비자 집단을 정의한 틀 안에서 통찰력 조사를 위한 준비를 더 잘할 수 있다.

소비자의 심리적인 고충이나 그들에게 미치는 문화적 영향을 진심으로 이해하는 것은 매우 값진 일이다. 참신하고 진실한 통찰력을 찾아내는 일에는 지나친 노력이나 탐구, 발견이라는 것이 없다. 소비자의 모든 측면과 감성적 변화를 탐구하는 것은 보람 있는 일이다. 전형적인 소비자 집단을 살펴볼 때는 모든 단계마다 통찰력을 탐구해야 한다. 그렇게 함으로써 소비자에게 미치는 문화적 영향력과 그 밖에 경쟁력 있는 영향력의 측면을 탐구하여 원하는 정보를 얻을 수 있다. 뿐만 아니라 소비자 감정과 욕망에 관한 새롭고 유용한 관점들을 살펴볼 수 있다. 여기서 좀 더 깊이 파고들어보자.

소비자 통찰력을 얻기 위한 질문들

인간의 욕구 또는 그것을 유발하는 자극부터 살펴보자. 다음 페이지에 제시된 그림에서는 '갈증', 즉 욕구를 유발하는 무의식적인 느낌이 보일 것이다. 적절한 질문들을 던져서 갈증이 나는 이유를 찾을 수 있다. 낮에 갈증이 생기는가? 날씨와 같은 외부 요인 때문인가? 건강상의 문제인가? 숨 쉬는 것처럼 본능적인 것인가? 목이 마르면 어떤 느낌이 드는가? 왜 그렇게 느끼는가? 이처럼 많은 질문을 던지고 그에 답하는 것은 그저 1단계에 불과하다!

음료의 카테고리는 상당히 넓고, 그래서 더 많은 질문을 던져야 한다. 음료에 관해서 이미 알고 있는 것은 무엇인가? 모르는 것은 무엇인가? 과거에는 무엇을 마셨는가? 무엇에 영향을 받는가? 유행하는 것은 무엇인가? 어떤 음료를 다른 음료보다 더 좋아하는 이유는 무엇인가? 경쟁적 환경이란 무엇인가? 왜 그렇게 많은 선택권들이 있는가? 어떻게 선

택을 하는가? 제품을 선택할 때 제품의 카테고리에 관해서 어떻게 느끼는가? 그렇게 느끼는 이유는 무엇인가? 이 단계에서는 그 카테고리와 관련된 많은 발견이 일어난다.

쇼핑과 구매 행동, 거래를 할 수 있는 방법과 실제로 거래하는 방법은 통찰력 발견의 훌륭한 터전이다. 편의성, 횟수, 양, 구입한 물건들, 메시지 전달에 미치는 '신제품 효과'의 영향력, 구매의 자발성, 검색 방법, 구매 행동과 그 이유 같은 것들을 살펴보면 구매 방식에 관한 통찰력을 얻을 수 있다. 심지어는 가치와 가격, 보상, 판촉활동에 관한 사람들의 느낌을 알아내려고 노력하기만 해도 상당한 통찰력을 얻을 수 있다.

다음에는 제품의 카테고리 내에서 소비 방식을 살펴보자. 근간을 이루는 플랫폼에는 경쟁자들과 상호작용하는 방법과 특정 제품들을 사용하는 이유, 때때로 그것들을 다른 방식으로 사용하는 이유가 포함되어 있다. 카테고리 내의 제품을 소비할 때 어떤 기분이 드는지도 철저하게 분석해보자. 탄산음료의 거품을 먹으면 특별하게 기분이 좋아지는가? 기포가 코에 닿을 정도로 잔을 얼굴 가까이 들어 올리는가? 음료를 빨리 마시는가? 갈증을 천천히, 혹은 빨리 해소하는가? 이러한 상호작용을 통해 어떤 느낌을 받는가? 즐거움? 자유로운 느낌? 만족감? 아니면 신선한 느낌이 드는가? 그렇다면 왜 그런가? 어떤 브랜드가 다른 브랜드와는 다른 느낌을 주는가? 그 이유는 무엇인가?

제품을 의도된 방식대로 사용하는지 여부를 살펴보는 것도 중요하다. 소비 행위와 관련된 통찰력을 살펴볼 때는 이런 질문들을 던질 수 있다. 제품을 많이 소비하는가? 언제, 왜 그렇게 하는가? 제품을 사용하는 방식에 영향을 끼치는 요소들은 무엇인가? 어떤 느낌이 드는가? 왜 코카콜라를 마시는가? 그와 유사한 음료를 마실 때와는 느낌이 다른가? 왜 그런가?

브랜드의 의도치 않은 쓰임새도 검토해봐야 한다. 사람들이 제품을 의도된 용도와 다르게 사용하는 방식들을 살펴보면 흥미로운 통찰력을 얻을 수도 있다. 제품을 다양한 용도로 사용하는 것은 통찰력에서 비롯된 행동일 수 있기 때문에 이 경우에는 브랜드와 소비자를 특별한 차원에서 연결할 수 있다. 예컨대 요리할 때 코카콜라를 넣거나 분한 마음을 가라앉힐 때 코카콜라를 마실 수도 있다. 그럼 몇 가지 질문들을 더 던져보자. 이 사실을 알았을 때 느낌이 어떠한가? 모두가 그 사실을 아는가? 다양한 기능성에 영감을 받는가? 포장용기가 특별히 중요한가? 뭔가 다른 용도로 사용되는가? 그렇다면 왜 그런가? 여기서 그치지 말고 더 많은 질문들을 던져보자.

제품을 떠나 브랜드 그 자체는 어떠한가? 브랜드가 어떤 느낌을 주는가? 왜 그런 느낌을 받는가? 당신은 추종자인가, 아니면 단순한 소비자인가? 브랜드가 나에 관해서 뭐라고 하는가? 브랜드로 사회적 지위나 신분을 나타낼 수 있는가? 소비자의 인식은 어떠한가? 문화적 영향력이 있는가? 브랜드 주변에 어떤 유행이나 스타일이 존재하는가? 그 제품에 관한 대화가 이루어지는가? 그 이유는 무엇인가? 브랜드가 어떤 울림을 주는가? 그 이유는 무엇인가?

다섯 살 아이로 돌아가라

다섯 살짜리 아이들이 언제나 '왜'라고 질문하는 것을 유심히 살펴본 적이 있는가? 그 아이들은 경험이나 학습에서 얻은 선입견에 사로잡혀 있지 않기 때문에 지식과 이해를 추구하는 단계를 거치고 있다. 자칭 전문가라는 우리들은 이미 알고 있는 것 때문에 쉽게 질려버리지만 아이들은 계속 샘솟는 탐구 본성 때문에 쉽게 질리지 않는다. 절대 만족할 줄 모르는, 이 여과되지 않은 관점은 통찰력을 추구할 때 도움이 되는 진정한 선물이다. 그러므로 통찰력이 무엇인지 안다고 생각할 때도 여러분 자신과 여러분 팀원들에게 이런 질문들을 던져야 한다. 왜 그러한가? 왜 소비자들이 그렇게 느끼는가? 단 몇 분 동안만이라도 다섯 살 아이가 되어보자. 그러면 그것이 어떻게 만물의 내적 본질을 이해하는 데 유용한지 알 수 있다.

지금까지 소개한 것들은 탐구할 만한 측면과 질문들에 관한 몇몇 사례에 불과하다. 그 모든 것들이 감성적 연결이나 스토리텔링에 도움이 되는 강력한 소비자 통찰력으로 이어지지는 않지만 그중 몇몇은 그렇다. 재미있는 것은 가장 귀중한 통찰력이 어디서 튀어나올지 모른다는 것이다. 시간과 경험이 쌓이면서 탐구는 보다 더 집중적으로 변해간다. 그렇기는 해도 통찰력 탐구 과정에서 한 가지 중요한 것이 있다. 다름 아니라 '왜?'라고 질문하는 것이다. 앞에서 브랜드 목적을 탐구할 때 '왜'라는 질문의 가치를 어떻게 강조했는지 기억나는가? 이 '왜'라는 질문은 소비자의 느낌과 행동 이면의 감정을 밝혀낸다. 이것은 통찰력을 결정하는 가장 강력한 단어다. 끊임없이 결정을 내리는 분주한 삶을 살다 보면 잠시 멈춰서 '왜'라는 질문을 던져 이유와 유발 인자들을 알아봐야 한다는 사실을 잊어버리곤 한다.

무엇부터 시작해야 할까? 통찰력을 발굴할 때 찾아봐야 하는 것이 뭔지 이해하는 것부터 시작하자. 그러한 것들을 어디서 어떻게 찾아야 할지 도와주는 것들이 있다. 바로 이때 조사가 결정적인 역할을 한다. 조사는 훌륭한 생각을 정당화하거나 평가하려고 할 때보다 알리고 전달할 때 중요하다.

브랜드의 본질과 소비자, 제품, 환경은 모두 통찰력의 원천에 영향을 미친다. 간단히 설명하자면 제시된 그림과 같다.

여러분이 사용할 방법들은 필요에 따라 달라질 수 있다. 사람들이 한다고 말하는 것을 밝혀낼 때는 정성적qualitative 방법들을 사용하고, 사람들이 실제로 하는 일을 밝혀낼 때는 문화기술적인 현지 조사를 사용할 수 있다. 이러한 방법에는 문화기술적 연구와 모바일 조사, 경험 모델링, 맥락 기반 인터뷰in-context interview, 비디오와 사진 찍기가 있다. 부차적인 조사를 하면 문화적 경향과 인구 통계, 산업 변화, 기술 채택, 미디어 경향과 분석을 이해할 수 있다.

정량적quantitative 조사와 분석은 데이터와 기술 모두 크게 발전시킨다. 브랜드와 카테고리의 대표성과 중요성을 확립해줄 정량적 조사를 제공하는 수단들이 있다. 예컨대 기술 기반 추적 시스템과 모델링에서 배운

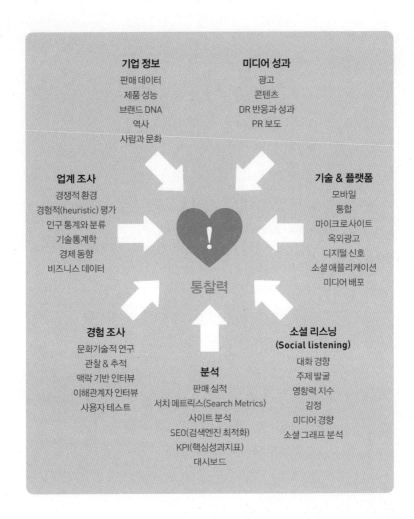

기업 정보
판매 데이터
제품 성능
브랜드 DNA
역사
사람과 문화

미디어 성과
광고
콘텐츠
DR 반응과 성과
PR 보도

업계 조사
경쟁적 환경
경험적(heuristic) 평가
인구 통계와 분류
기술통계학
경제 동향
비즈니스 데이터

기술 & 플랫폼
모바일
통합
마이크로사이트
옥외광고
디지털 신호
소셜 애플리케이션
미디어 배포

통찰력

경험 조사
문화기술적 연구
관찰 & 추적
맥락 기반 인터뷰
이해관계자 인터뷰
사용자 테스트

분석
판매 실적
서치 메트릭스(Search Metrics)
사이트 분석
SEO(검색엔진 최적화)
KPI(핵심성과지표)
대시보드

소셜 리스닝
(Social listening)
대화 경향
주제 발굴
영향력 지수
감정
미디어 경향
소셜 그래프 분석

행동 역학을 토대로 기업을 관찰하고 정비할 수 있다. 행동 조사와 경험
조사는 행동 통찰력을 탐구하는 영역이기 때문에 다음 8장에서 더 자세
하게 살펴보겠다. 양적 데이터가 언제나 감정을 꿰뚫어보는 통찰력을

제공하지는 않지만 탐구해야 할 영역들을 밝혀낼 수 있다. 예를 들어 제품이 특별한 방식으로 사용될 때 '왜?'냐고 물어서 어떤 행동 패턴이 드러난다면 브랜드의 영향력과 사회적 지위, 혹은 다른 감성적 공간들을 밝혀낼 수 있다.

조사는 강력한 도구지만 이것만 가지고 모든 답을 얻을 수는 없기 때문에 건전한 냉소주의를 유지해야 한다. 수치와 통계, 반응을 액면 그대로 받아들여서는 안 된다. 진정한 통찰력을 찾으려면 그러한 결과들을 조사하고 검토하며, 그에 관해서 보다 더 심층적으로 토론해야 한다. 조사라는 게 생각을 판단할 때보다는 생각에 필요한 정보를 얻고자 할 때 훨씬 유용한 것 같다. 방침이 정해진 후에 뭔가를 테스트하면 기존의 평가 기준을 토대로 하기 때문에 실질적이고 새로운 통찰력을 얻지 못한다. 다시 말해서 조사에 관해서는 직관과 함께 해롭지 않을 정도의 냉소주의를 사용해야 한다. 그래야 조사 결과를 지나치게 극적으로 받아들이지 않고 의미 있는 방식으로 활용할 수 있다.

조사 목적과 조사 방식을 생각해보자. 조사를 위해 각계각층을 대표하는 사람들로 이루어진 포커스 그룹은 사람들이 어떻게 느끼는지에 관한 통찰력을 제대로 제공해줄 수 있을까? 아니면 응답자들은 그저 말하고 싶어 하는 것을 전해줄 뿐일까? 유명한 심리학자이자 사회 연구가인 휴 매카이[Hugh Mackay]는 이렇게 말했다. "포커스 그룹은 낯선 장소에서 만나 낯선 것들을 말하는 낯선 사람들 무리에 불과하다."

휴 매카이와 그의 팀은 수년 동안 포커스 그룹 대신에 '행동 토론 그룹

conduct discussion group'을 효과적으로 사용했다. 사람들이 친구와 이웃들, 혹은 직장 동료와 자신들의 활동 영역, 즉 집이나 직장, 클럽, 혹은 자연스럽게 만나서 편안함을 느낄 수 있는 곳에서 살아가는 평범한 삶이라는 맥락에서 연구한 것이다. 여기서 조사는 훨씬 더 문화기술적인 연구 방식이다. 이 조사는 관찰 위주로 진행되면서 참여자들, 행동, 감정을 연구한다. 뿐만 아니라 낯선 것들 때문에 토론이나 연구 결과들이 엇길로 빠질 위험성을 줄여주는, 훨씬 더 몰입할 수 있는 접근법이다. 또한 극도로 비지시적이다.

통찰력은 이해에서 나오고, 조사는 그 목적을 달성하는 주요 수단이다. 감정은 조사 방법처럼 전혀 이성적이지 않기 때문에 직관과 통찰력을 사용해서 소비자들과 연결될 수 있는 다른 수단들이 있다.

지금까지는 소비자 통찰력에 관해서 말로만 떠들었다. 이제는 행동으로 실천하는 방법을 살펴보자.

통찰력 1: '몰입하지 않는 경험은 진짜 경험이 아니다'

이것은 오스트레일리아 퀸즈랜드Queensland 관광청과 협력해서 세계 여행자들에 관해 밝혀낸 통찰력이다. 이것은 '세계 최고의 일(The Best Job in the World: 자연경관이 빼어난 그레이트배리어리프를 주요 관광지로 부각시키기 위해 '6개월간 섬에서 휴가를 즐길 홍보대사를 뽑는다'는 이벤트로 기획됨—옮긴이)'이라는 프로젝트 이면에 깔린 전략이기도 하다. 이 프로젝트는 전 세계 수십 억 명의 사람들이 35,000명이 넘는 지원자들의 지원 과정과 그들의 활동을 지켜보는 것이었다. 이들 지원자들이 할 일은 퀸즈랜드 섬의 그레이트배리어리프(Great Barrier Reef: 오스트레일리아 북동해안에 있는 세계 최대 산호초 지역—옮긴이)를 홍보하는 수십만 개의 뉴스 기사와 콘텐츠를 만들어내는 것이었다.

'세계 최고의 일'이라는 아이디어는 '뭔가에 완전히 몰두하지 않으면 그것을 진정으로 경험하지 못한다'는 강력한 전략적 통찰력에서 나왔다. 전 세계의 소비자들은 자신들이 겪었던 경험의 질적인 측면에서 더 훌륭한 가치를 찾는다. 그 순간을 즐기기만 하는 휴가와 휴일은 점차 감소하고 있다. 사람들은 집에 돌아가서든 휴가지에서든 컴퓨터나 스마트폰으로 친구들과 공유하거나 자랑할 만한 진짜 경험을 원한다. 그냥 보는 것 이상을 원한다. 행동하고 느끼고 만지고 싶어 한다. 탐구하고 싶어 한다. 그 경험에 몰입하고 싶어 한다. 인터넷의 잠재적 활용 방법을 알고 있으면서 직접 흠뻑 빠져들 경험이 필요한 요즘 여행객의 심장을 공략했다. 더 나은 방법은 천국에 사는 것이 아니라 '세계 최고의 일'을 하는 천국에 몰입하는 것이다.

통찰력 2: '쌍방향 플레이어' 그리고 '열성적인 플레이어'

엑스게임X Games을 연구해서 두 가지 소비자 유형을 찾아냈다. 각각의 소비자들은 각기 다른 감성적 이유로 그 게임에 참여했다. 이 두 유형의 소비자들을 경험과 단일한 조직화 아이디어로 다루기로 했다. 이 프로젝트에서 쌍방향 플레이어는 스포츠의 경쟁적인 측면을 좋아하고 텔레비

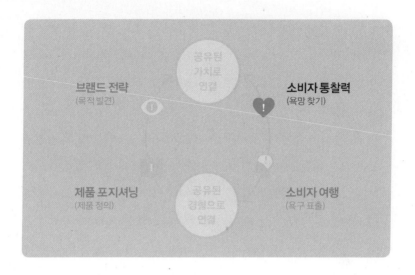

전으로 그런 스포츠를 즐겨 보는 사람들이었다. 이와 반대로 열성적인 플레이어는 직접 활동하는 스포츠를 무척 좋아해서 그 문화의 일부가 된다. 이들은 스포츠를 통해 자신을 표현하고 창의성 있는 활동을 즐긴다. 예를 들어, 그들은 매일 '알리'(ollie: 스케이트보드의 점프 기술—옮긴이)를 완벽하게 익히려고 연습한다. 이 프로젝트에서는 공유 경험과 공유 콘텐츠를 통해 두 유형의 플레이어들과 연결되는 스토리 시스템을 구축하기 위해 열심히 노력했다. ESPN 엑스게임에 관해서는 9장에서 더 자세히 설명하겠다.

지금까지 감성적 연결과 통찰력의 맥락을 찾아봐야 할 곳과 살펴보는 방법을 소개했다. 이제는 통찰력이 어떻게 조직화 아이디어의 기둥이 되는지 생각해보자. 소비자에 관한 새롭고 방대한 이해를 활용해서 욕망을 꿰뚫어보는 소비자 통찰력을 찾을 것이다. 이런 감성적 욕망은 브랜드 목적에 적합한 스토리를 이끌어내고, 소비자와 연결해주는 유도관이 된다. 이런 통찰력은 조직화 아이디어에 참고가 될 만한 소비자 프레임을 제공한다. 자, 명심하자. '브랜드를 연결할 때 이용할 수 있는 인간 행동이나 감정에 관해 드러난 사실' 또는 '브랜드와 기존 소비자와 잠재적 소비자 사이의 관계에 관한 새롭고 유익한 관점'을 찾아야 한다는 것을……. 통찰력을 얻으면 사람들과 상황을 매우 명확하게 이해할 수 있다. 스스로를 격려하면서 집중적으로 일하라. 통찰력 있게 행동해야 하는 것은 말할 것도 없다.

8

입장 바꿔 생각하기

전 세계가 일종의 재정 위기를 겪고 있는 동안 우리는 캐주얼 레스토랑 체인점이 브랜드를 다시 포지셔닝하고 소비자 기반을 확보하는 일을 도와주고 있었다. 특별한 날이면 외식을 즐기는 사람들에게 재정 위기는 큰 영향을 끼쳤다. 한때는 엄마들을 요리의 고통에서 구해주던 가족 외식이 가계의 재무 상태가 여의치 않게 되면서 이제는 사치가 되어버렸다. 손님들로 북적이는 주말은 그렇다 치고, 주중에 편안한 식사를 원하는 고객들이 그냥 집에 머물렀다. 레스토랑의 경쟁자는 대규모 마케팅 비용을 쏟아 붓는 슈퍼마켓이었다. 슈퍼마켓은 가족 친화적이고 꽤 쓸 만한 요리 방법들을 제공해 고객들이 집에서 요리할 수 있도록 장려했다. 이런 요리 방법의 등장과 많은 다른 이유 때문에 캐주얼 레스토랑

업계가 고객들을 바라보는 방식이 달라졌다. 따라서 달라진 소비자 역학관계를 반영해서 제품을 판매하는 방법을 효율적으로 다시 배워야 했다. 브랜드의 목적을 되살리고, 소비자 경험을 향상시키고 연결하며, 브랜드 스토리를 새롭게 만들고, 소비자들이 그 경험을 가지고 대화를 많이 나누게끔 해야 했다. 이 모든 것이 고객들을 끌어들이고, 레스토랑의 수입을 올려준다.

레스토랑 고객을 제대로 이해하기

이 새로운 역학관계에서 소비자들을 깊이 이해하는 것은 쉽지 않은 일이다. 소비자들이 어떻게 식사에 관한 결정을 내리는지, 그들이 그 경험을 어떻게 느끼는지, 그들의 욕구가 무엇인지, 그리고 가장 중요하게는 왜 그런 욕구를 느끼는지 파악해야 한다. 경험 공간을 통해 연결된 소비자들의 모든 감정과 더불어 소비자들의 생활방식과 원하는 바와 욕구를 이해하려면 온전히 그들의 입장이 되어야 한다.

가장 좋은 방법은 위대한 발견의 여정을 떠나는 것이다. 전통적인 조사와 병행하여 우리 팀원들은 그 레스토랑에 가서 식사를 하기 시작했다. 팀원들이 레스토랑 사진을 찍어오고, 식사 경험을 이야기하며, 통찰력을 제시하고, 소비자들을 관찰했다. 몇몇 팀원들은 레스토랑에서 교대 근무까지 했고, 교대 근무 시간에는 레스토랑 컨설턴트와 화상 인터뷰를 했다. 이렇게 최전선에서 직접 정보를 모은 후에 '소비자 여행 지도'

를 만들었고, 소비자 경험의 핵심 단계들을 상세하게 기술했다. 그러고 나서 노련한 문화기술적 연구 전문가와 함께 소비자 경험을 조사했다. 외식과 비교해 집에서 하는 식사를 어떻게 생각하는지 소비자들의 의견을 보다 더 잘 파악하기 위해 집에서 식사하는 가족들과도 인터뷰를 했다. 그 다음에는 소비자들의 기대 심리와 생각을 알아내기 위해 레스토랑에서 '식전 인터뷰'와 '식후 인터뷰'를 했다.

마지막으로, 우리 조사원이 가족들이나 커플들과 함께 그 레스토랑에서 식사를 하면서 그들을 관찰하고, 그들의 대화와 행동을 기록하고, 소비자들이 어떤 느낌을 받는지 연구했다. 우리는 이 모든 정보를 이용해서 경험의 크기를 측량했고, 기회들을 정의하고, 통찰력을 발굴했다. 이런 통찰력은 행동과 감정, 혹은 소비자들이 하는 일과 느끼는 방식의 교차점에서 나왔다. 이 모든 것은 경험의 새로운 세계를 스토리스케이핑하는 데 더없이 귀중한 자료이다.

소비자의 기대감은 언제 최고조에 도달하는가?

우리가 새롭게 발견한 것들 가운데 하나는 소비자들이 대화할 때 브랜드 경험을 증폭시키는 데 중요한 요소가 되었다. 레스토랑 경험에 관한 긍정적인 대화를 이끌어낼 수 있는 가장 좋은 때가 식사 후라고 생각하는 것은 당연하다. 식사를 끝내고 나서 집으로 돌아가는 길이나 집에 도착했을 때가 가장 좋지 않겠는가? 하지만 소비자들의 입장에 서보고 나서야 그렇지 않다는 사실을 발견했다. 우리에게 의뢰한 캐주얼 레스토랑의 식사 유형에는 풍성한 파스타와 샐러드, 디저트 바가 포함되어 있었고, 모든 것이 뷔페식이었다. 이러한 식사 유형은 레스토랑 손님들이 무엇을 먹을지, 어떤 맛으로 선택할지, 혹은 어떤 사이드 요리를 먹을지 고민하는 기대 단계에서 감성적 연결이 상승했다. 또 손님들은 다양한 디저트를 그릇에 따로 담거나 한 그릇에 담아 먹을 수 있었는데, 아이스크림과 초콜릿 소스, 베이컨 칩, 할라페뇨(jalapeño: 멕시코 요리에 쓰이는 매운 고추—옮긴이), 그 밖에 그럴듯한 요리들을 담아 먹을 때 기분이 가장 좋은 상태였다.

그러나 마지막 단계에 접어드니 애초에 기대했던 만큼 완전히 긍정적인 경험과는 정반대되는 상황이 벌어졌다. 손님들은 식사를 마친 후에 음식에 대해서는 확실히 만족했지만 동시에 죄책감에도 사로잡혔다. 평소보다 많이 먹었다거나, 이상한 조합의 요리를 먹었다고, 혹은 디저트를 너무 많이 먹었다고 자책했다. 식사를 하기 전에는 기대감에 관한 대화와 긍정적인 생각을 이끌어낼 가능성이 컸지만 식사를 마친 후에는 소비자 여행의 마지막 단계에서 대화를 확장시키는 것은 부정적으로 변할 가능성이 있었다.

이 두 가지는 모두 행위 및 경험과 관련된 강한 감정 상태였다. 문화기술적 연구와 조사를 통해서 고객의 입장이 되지 않았다면 그런 통찰력들은 상상력이나 추측에 맡겨야 했을 것이다. 이와 달리 우리는 소비자들이 만족감을 얻으려고 레스토랑의 제품과 서비스를 왜, 어떻게 사용하는지 제대로 이해하기 위해 소비자 여행을 통해 많은 통찰을 이끌어냈다. 이 모든 것들은 스토리스케이핑 접근법에 사용하는 적절한 정보가 된다. 우리는 또한 한 가지 핵심 통찰력을 조직화 아이디어를 결정하는 기둥으로 삼았다. 그 핵심 통찰력은 바로 '개인의 취향이 다양하고 사람마다 모두 다르다'는 것이다.

이것은 바깥에서 안을 들여다보는 관점으로는 절대 알지 못하는 통찰력의 세계가 소비자의 입장이 됐을 때 어떻게 열리는지 보여주는 것이다. 문화기술적 연구 그리고 이와 관련된 조사 기법들은 환경과 도구, 제품, 콘텐츠를 만들어내는 기본 요소로서 이 모든 것들은 오늘날 소비자가 기대하는 몰입 경험을 만들어낼 수 있다.

소비자에 대한 깊은 이해에서 출발하라

이제 소비자 여행 과정에서 소비자들과 그들의 선택을 보다 더 명확하게 이해하는 법을 더 잘 파악하기 위해 문화기술적 연구 그리고 그와 관련된 조사 원칙 및 기법을 살펴보자. 여기서 전제는 사람들이 경험을 갖고 있고, 브랜드는 그러한 경험들을 형성하기 위해 소통과 제품, 서비스, 환경, 그 밖에 더 많은 것들을 동원한다는 것이다. 이런 관점에서 볼 때 경험은 현재 진행 중인 인식과 상호작용의 패턴에서 나온다. 당연히 다양한 접점들로 둘러싸인 구체적이고 세밀한 소비자들의 실제 모습은 옆으로 밀어둬야 한다. 그 대신 소비라는 결과에만 초점을 맞춤으로써 영업 깔때기(sales funnel: 광고에 노출된 다수의 사람들이 깔때기를 통해 걸러지듯 소수의 소비자로 걸러지는 것—옮긴이)로 이어지는 일련의 균질적 인구 통계가 아니라 사람들의 실제 삶의 조건에서 출발한다. 스토리스케이핑은 소비자에 대한 깊은 이해와 경험을 통한 소비자—브랜드 관계에 토대를 두고 있다. 사실 이러한 이해는 일시적인 것이 아니라 항시적으로 이루어져야 한다.

소비자의 감정(소비자 통찰력 기둥 참조), 그리고 소비자의 욕구와 행동을 이해하는 이 기둥이 복잡하게 연결되어 있다는 사실을 인정해야 한다. 하지만 그것들을 논리적 관점과 분리해서 보면 브랜드가 감성적 차원에서 어떻게 연결되는지 알 수 있다. 이것이 바로 브랜드 스토리텔링이 하고자 하는 일이며, 브랜드가 뭔가와 상호작용하려고 할 때와는 다른 일이다. 브랜드 상호작용은 소비자의 감성적 욕구를 충족시키기도 한다. 감성적 욕구와 기능적 욕구는 서로 연결되어 있기 때문에 완벽하게 분리할 수 없다는 사실을 명심해야 한다. 보다 더 깊이 이해하고, 훨씬 더 많은 정보를 지니고 있는 조직화 아이디어와 스토리 시스템을 명확히 이해하기 위해 이러한 기둥들을 두 가지 측면에서 구체적으로 살펴보자.

소비자 행동이 곧 이야기가 된다

'소비자 참여를 이해한다'는 말은 무슨 뜻일까? '통찰력을 얻는다'는 것은 무슨 뜻일까? 우리는 욕구를 충분히 분석할 수 있다. 그러한 욕구를 이해한다고 말할 때는 단순하게 그 욕구가 무엇인지 알고 있는 것이 아니다. 그러한 욕구가 왜 존재하는지 알고, 그 욕구가 사람의 다른 요소들과 연결되어 있음을 이해하는 것이다. 뿐만 아니라 때로는 그 욕구가 무의식적이고 생물학적 본능일 수도 있다는 사실을 인정하는 것이다.

앞서 제품/서비스 포지셔닝을 설명할 때 논의했듯이 실용적 욕구는 무의식적이고 습관적인 특성들을 강하게 지닌 것일 수도 있다(이 경우에는 단순한 습관적 행동과 기능적 욕구가 아니라 습관의 영향력과 맥락, 인지된 결과 등을 연구해야 한다). 의미 있는 조사를 통해 욕구와 행동을 연구해서 개성과 문화, 브랜드 가치, 브랜드 목적들과의 상호연결도 밝혀낸다.

여기서는 욕구와 행동이 어떻게 소비자에게 현실화되고 구체적으로 나타나는지 그 방식을 살펴본다. 그 방식은 우리가 행동하는 일상 속에 있고, 우리가 세계와 상호작용하는 방식에서 나온다. 뿐만 아니라 우리가 누구인지, 무엇을 하고 싶어 하는지에 관한 우리들의 스토리를 말해주는 제품이나 서비스에서도 찾아볼 수 있다. 이것은 고양이에게 무엇을 먹여야 할지 결정할 때처럼 깊이 고심한 결정이든 아니든 상관없이 모두 해당된다. 실제로 사람들은 고양이 먹이 문제에 관해서 극도로 까다롭게 굴기도 한다. 우리가 지각하는 수준을 간신히 넘어서는 수많은 결정들 중의 하나일 때도 마찬가지다. 예컨대 아침에 일어나 양말을 고를 때 그냥 서랍에 손을 넣어 바지 색깔과 똑같은 양말을 꺼내는 결정을 내릴 때도 그렇다.

기업이 만들어서 파는 제품을 사람들이 어떻게 사용하고 있는지, 자신이 누구인지에 관한 스토리를 어떻게 주고받는지 조사를 해보면 다 드러난다. 이러한 스토리텔링에서 추가적인 아이디어를 얻고, 더 나은 모습으로 살아갈 새로운 방법을 찾아낸다. 사람들은 언제나 그러한 스토리를 신선하고 더욱 매력적으로 만들 방법을 찾는다. 그러므로 소비자들을 비롯해 소비자들의 기준 틀, 소비자들의 언어와 표현을 끊임없이 이해해야 한다.

소비자 욕구를 넘어선 뭔가를 찾아내라

소비자를 이해한다는 개념은 그들의 욕구를 밝혀낸다는 뜻으로 축소 해석되기 일쑤였고, 시장 조사는 다음 단계로 나아가기 전에 반드시 처리해야 하는 무시무시한 장애물의 일종이 되었다. 최악의 경우, '욕구를 찾아내고 입증한다'는 접근법이 굉장히 엄격해서 가장 무난하고 평범한 것만 통과할 수 있는 촘촘한 그물망이 되어버린다. 이와 유사하게 소비자를 이해하기 위해 맥락을 벗어나거나 고립된 데이터를 무작위로 수집하여 이용하는 것은 눈속임에 불과하다. 따라서 우리는 '불확실성의 답answers of uncertainty'이라고 부르는 것을 연구하는 일이 훨씬 중요하다고 생각한다. IOTA의 부사장이자 마케팅 분석가인 릭 로빈슨Rick Robinson 박사는 그것을 이렇게 설명했다. "누군가가 '……일지도 모른다'거나 '……일 수도 있다'고, 혹은 '……라면 일어날 수 있다'고 말하는 것이다." 다시 말해서, 소비자를 이해한다는 것은 그저 불확실성을 제거하거나 위험 요소를 줄이며 혹은 기존 방식으로 입증하는 것이 아니라 '가능성의 스토리'로 도출되어야 한다.

소비자 욕구와 행동에 관한 이러한 관점에서 우리의 이해를 알리기 위해 문화기술적 연구의 원칙과 기법을 더 실용적으로 연구할 수 있다.

문화기술적 연구는 조사 방법 중에서 정성적인 방법론의 핵심 역할을 한다. 간단히 말해서 '사회와 문화를 연구하는 것'이다. 우리는 목적을 달성하기 위해 태도, 인식, 이 세상에 대한 신념, 물질세계의 관계를 대표하는 것을 좇는다. 상업적인 의미에서 물질세계는 기능적 욕구와 연관된 제품과 서비스, 환경, 시스템과의 상호작용이나 그에 관한 행동으로 간주할 수 있다.

소비자 조사의 출발점: 사냥 선언문

모든 조사의 핵심은 출발 지점을 명확하게 하는 것이다. 상업적으로 이용하고자 할 때는 이 문제를 훨씬 더 실용적으로 고려해야 한다. 인류학자들로 구성된 팀이 2년 정도 연구해야 하는 방대한 범위의 발견 과제처럼 시작할 수야 없지 않은가. 그 대신 사업의 환경에 맞게끔 작업 계획을 세우는 '사냥Hunt' 접근법을 사용한다. 무작정 발견부터 하고 나서 나중에 사업 환경에 꿰맞추면 안되고 먼저 '사냥 선언문'부터 작성해야 한다. 사냥 선언문은 조사의 근간을 이루는 중요한 틀이다. 우리가 이해하고 싶어 하는 것과 그 이유를 설명해주는 개괄적이고 '전반적'인 선언이다. 이 선언문은 명확하고 구체적이며, 프로젝트의 핵심 목적을 설득력 있게 설명해준다. 또한 조사 팀에게는 북극성처럼 목적을 명확하게 제시해 업무를 이끌어준다. 뿐만 아니라 경쟁적 환경에 대한 이해를 반영하기도 한다. 유용한 사냥 선언문을 하나 소개하자면 아래와 같다.

ABC 회사의 온라인과 오프라인 학습 경험을 모두 알려줄 경험 모델을 구축하기 위해, 특히 간병인 관점에서 차이점을 배우는 가족들의 경험을 이해해야 한다.

사냥 선언문은 조사를 통해 기업 문제를 해결하는 방법을 설명한다. 올바른 사냥 선언문을 토대로 조사를 하면 환경적으로 또는 상업적으로 기업과 연관성을 유지하면서 문제를 발견할 수 있다. 기업 상황이 브랜드 목적이나 제품 포지셔닝이 되어서는 안 된다는 것도 주목해야 할 중요한 사실이다. 브랜드 목적이나 제품 포지셔닝은 제약이기 때문이다. 모두가 브랜드와 제품으로 채우는 기회들을 식별해줄 발견을 위해 상황을 정의하고 싶어 한다.

지금까지 조사 환경을 설명했으니 이제는 몇 가지 계획 모델을 살펴보자. 여기서는 문화기술적 연구 조사가 여러분에게 조사방법론 분야의 박사학위를 안겨주지는 않더라도 소비자를 이해하는 데 어떻게 도움이 되는지 설명하고자 한다. 소비자 참여를 이해하고 통찰력을 얻기 위해 문화기술적 연구 방법론을 이용하는 것의 가치를 피상적으로나마 설명하겠다.

더 큰 조각을 얻어라

사람들이 무엇을 하는지 그것만 주시한다면 그림의 작은 조각만 얻게 된
다. 사람들이 무슨 생각을 하는지 그것만 물을 때도 마찬가지다. 여기서
는 경험의 각기 다른 요소들이 상호작용해서 관찰 가능한 일상적인 행동
들을 어떻게 창조하는지 예측하기 위해 '생각하고, 행동하고, 사용한다'
는 표현을 계획 수립의 도구로 사용할 수 있다. 그렇다고 해서 모든 행동
을 설명할 수 있다는 뜻은 아니다. 이것은 비판적 사고에 유용한 시각적
도구다. 각각의 요소, 즉 생각하고, 행동하고, 사용하는 것은 다른 것들
에 동등한 영향을 미친다. 위계질서는 없다. 사람들이 생각하고 나서 행
동하고 그 후에 사용한다고 설명하는 인지 모델이 아니다. 이 도구는 사
용자 집단이든 국가든 혹은 문화든 상관없이 개인과 집단의 일상 행동을
분석하는 데 사용할 수 있다. 업무 편의상 이 도구를 개인적으로 또는 집
단적으로 사용하는 두 가지 방법을 따로따로 생각해보는 것이 더 낫다.

조사와 발견을 계획하는 발견적 학습법들과 접근법들이 많이 있다.
조사에 적합한 사람들을 표본화하는 문제를 가지고 오랫동안 토론할 수
도 있지만 그러지 않을 것이다. 대신 그보다 다소 근본적인 제안을 계속
해 나가겠다. 표본화에 관해서 반드시 명심해야 할 것이 있다. 어떤 방
법이나 접근법을 쓰든 표본은 다른 사용자 그룹이 아니라 여러분이 알고

싶어 하는 것에 토대를 두어야 한다는 것이다. 우리는 규정을 내린 한 부분과 그 밖의 다른 부분 사이의 변인만이 아니라 태도와 인식, 이 세상에 대한 신념, 물질세계 사이의 관계를 알고 싶어 한다는 사실을 명심해야 한다.

생각하기
- 사람들이 경험을 이해하는 방식의 기초가 되는 문화적 시스템을 어떻게 분석할 수 있을까?
- 사람들은 자신의 경험 틀을 어떻게 형성하는가? 새로운 경험을 어떻게 오래된 인식 모델로 통합하는가?
- 사람들이 브랜드와 제품, 카테고리, 경험에 관해 생각하는 방식이 바뀌는 개입과 변화 지점들은 어디인가?

THINK

DO ◄----► USE

행동하기
- 사람들은 일상적으로 무엇을 하는가?
- 경험 틀이 어떤 식으로 사람들의 행동에 정보를 주는가?
- 현재의 일상적인 행동을 바꿀 수 있는 개입과 기회 지점들은 무엇인가?

사용하기
- 사람들이 공동으로 협력해서 제조업체들과의 경험을 창조하기 위해 사용하는 물건과 도구, 제품은 무엇인가?
- 이러한 물건의 속성이 어떻게 사람들에게 그 의도된 사용법을 알려주는가?
- 사용자들이 물건과 상호작용하는 예기치 못한 방식들은 무엇인가?

지금까지 나온 것들을 종합해보자. 일단, 감기 치료법을 발견하는 데 문화기술적 연구를 이용한 사례를 살펴보는 게 좋겠다. 물론 문화기술적 연구로 감기를 치료하지는 못하지만 감기 경험 모델은 알 수 있다. 고객에게 신제품 개발과 경험을 알려주고 그에 관한 영감을 불어넣어주는 모델 말이다. 이 고객은 감기 치료제 시장이 포화 상태이고, 더 이상 성장의 여지가 없어서 한탄하고 있었다. 그 결과를 나타낸 기회 지도에 따르면, 그 고객의 모든 제품과 경쟁 제품이 질병의 한 단계에만 적합했다. 다른 단계에는 많은 기회가 열려 있었다.

먼저 우리는 감기 발생 과정을 조사했다. 상황에 기반을 둔 정성적 조사를 통해 감기에 걸린 사람들의 경험 패턴을 밝혀낼 수 있었다. 그러고 나서 그러한 경험의 놀랍고도 간단하며 직관적인 네 단계 모델을 만들었다.

- 뭔가 다른 느낌이 나는 단계(1단계): 목구멍이 간질거린다.
- 감기에 걸리는 단계(2단계): 콧물이 나기 시작한다.
- 감기에 걸린 단계(3단계): 감기에 걸린다.
- 감기를 극복하는 단계(4단계): 감기가 아직 낫지 않았다.

현재는 거의 모든 노력이 3단계를 위한 제품에 집중되어 있다. 하지만 이야기할 거리가 더 있는 것이 분명했다. 동일한 집단에게 '콧물이 난다고요? 이걸 써보세요. 기침이 난다고요? 이걸 써보세요'라고 말하는 것이 아니라 다른 식으로 말할 방법들이 있었다.

모든 감기 치료제는 3단계에 마케팅 비용을 쏟아 붓고 있었다. 하지만 우리는 감기에 걸린다는 것을 신체적 자각 상태로 연구했다. 감기에 걸린 사람의 몸과 정신 상태, 감정 상태는 모두 각성되어 그 상태가 단계별로 점점 고조되었다. '몸이 지쳤다'거나 '정신적으로 피곤하다'는 자각 상태는 모두 오르락내리락했다. 우리는 행동과 희망 사항이 교차하는 지점을 확인하려고 사람들이 각기 다른 상태에서 어떤 느낌을 받는지 조사했다.

사람들이 다음 단계로 어떻게 넘어가는지 그리고 각 단계마다 어떤 느낌이 드는지 알아보는 것은 감기 치료제에 관한 메시지를 작성할 때 핵심적인 요소다. 우리는 사용자 집단은 따로 조사하지 않았다. 우리가 알고 싶어 하는 것, 즉 사람들이 감기를 어떻게 경험하는지 파악했다. 이 답을 알아내자 접근법과 제품 개선, 시장점유율을 높이기 위한 새로운 기회들이 열렸다.

우리는 소비자들이 감기를 극복하는 단계에서 가장 긍정적이고 의욕적인 정신 상태에 이른다고 결론 내렸다. 그 단계에서 편안하게 긴장을 풀고 싶어 하는 소비자들의 욕망이 최고조에 달했다. 소비자들은 '다시 아프지 않기 위해 더 많은 치료를 하려는' 적극적인 정신 상태에 도달해 있었다. 또 전보다 더 강해지고 힘을 다시 비축하고 싶다는 강한 욕구를 품고 있었다. 이것이 바로 감기 치료제에 관한 보다 더 효율적인 전략의 핵심이었다.

기회 지도를 그려라

문화기술적 연구의 핵심 활용법 가운데 하나이자 경험 모델을 구축하는 것이 '기회 지도opportunity map'다. 감기 치료 사례에서 설명했듯이 기회 지도는 소비자 행동을 이해하고, 제품과 서비스가 어떻게 소비자의 욕구를 충족시키는지 파악해서 얻은 결과물이다. 기회 지도는 정의되는 방식에 따라 달라질 수 있다. 대개 매트릭스matrix로 묘사된다. 이 매트릭스는 기업 목표와 조사 결과를 기초로 기회들을 규정하는 관계를 설명하는 것이다.

8장 처음에 소개했던 레스토랑 체인점이 기억나는가? 그 사례에서는 소비자 여행의 접점들과 소비자 감정 상태로 기회를 탐구했다. 앞의 그

브랜드 관점이 필터(filter)와 초점(focus)을 제공한다

채널/역할	계획	도착	주문	착석	식사	식사 후
🛒 레스토랑	●	●	●	●	●	●
🌐 웹사이트	●				●	●
💬 소셜	●				●	
📱 모바일	●	●			●	●
🔍 검색	●					
📺 전통적 매체(TV 등)	●	●	●	●	●	●
감정 상태						

림은 기회들의 한 가지 측면만 보여준다. 각각의 점은 소비자 통찰력과 제품이나 서비스를 깊이 조사해서 얻은 것이다.

전통적인 접근법에서 벗어나 문화기술적 연구 방법론을 이용하면 새롭고 의미 있는 방식으로 행동 관련 데이터를 수집할 수 있다. 그렇다고 해서 훨씬 더 전형적인 문화기술적 연구나 조사 방법들이 아예 의미 없는 것은 아니다. 하지만 새로운 방식을 이용하면 데이터 수집과 소비자를 새로운 차원에서 이해하는 데 도움이 된다.

낯선 소비자의 삶에 접속하다

이것은 소비자 행동을 이해하는 새로운 차원이다. 기어츠Clifford Geertz의 말을 인용하자면 이렇다. "우리는 과학적 상상력을 발휘해 낯선 사람들의 삶에 접속한다." 우리 목표는 일상생활의 작은 조각들을 분석해 행동을 깊이 이해하고 거기서 의미를 찾아내는 것이다. 이것은 사람과 장소, 사물에 관한 것이다. 우리는 프로젝트들을 위해 감지기와 같은 자료 수집 도구들을 조사 과정에 배치한다. 이러한 데이터 수집 도구들은 사람과 장소, 사물에 장착되고 우리는 정성적 데이터와 정량적 데이터를 뽑아낸다. 우리는 스토리를 전하고, 사람들과 사건들의 유형을 개발한다. 휴대폰 사용자나 집단 회의에도 몇 가지 유형이 있듯이 말이다. 우리 데이터는 소음 수준, 빛 수준, 가속도계 데이터, 온도와 습도, 블루투스, 접근성, 디지털 활동, 설문조사, 동영상 등의 카테고리로 구성되어 있다.

우리는 수집한 정보들을 이해하기 위해 기기에 대한 학습과 통계, 대량의 데이터를 능숙하게 처리할 방법을 사용한다. 물론 뭔가를 밝혀내기 위해서는 모든 것을 다 알아야 할 필요는 없다.

일본에는 특별한 감지기가 장착된 전기 찻주전자가 있다. 이 주전자는 독거노인들의 건강 상태를 모니터한다. 왜 찻주전자냐고? 많은 노인들이 혼자 살다 보니 약간의 위험을 안고 있다. 그래서 누군가가 그들을 찾아가서 그들의 건강 상태를 확인해야 한다. 그러나 이 경우에는 노인들을 방문하는 특정 시간대의 자료만 얻을 수 있다. 오늘날에는 기술 덕분에 모든 것에 카메라와 감지기를 달 수 있다. 물론 찻주전자에도 가능하다. 그렇게 하면 찻주전자가 가열될 때 노인의 가족이나 지인의 스마트폰으로 신호를 보내 노인이 건강하다고 알리는 것이 가능하다. 나이 드신 어머니가 잘 지내는지 알고 싶다는 바람을 찻주전자의 감지기가 이루어줄 수 있다니 얼마나 고마운가? 그런데 왜 찻주전자일까? 찻주전자로 매일 차를 끓인다는 것은 어머니가 매일 일어나 잘 지내고 있다는 뜻이기 때문에 안심이 되는 것이다. 어머니가 적어도 하루에 세 번 차를 마신다면 찻주전자의 감지기는 실질적으로 의미 있는 수치를 제공해준다.

이 사례처럼 우리가 사용하는 감지기들은 그 성능을 일부러 제한했다. 해상도와 표본화 비율이 낮고, 데이터 유형이 다양하지만 제한되어 있다. 왜 그럴까? 사생활을 보호하고, 분석을 멈춰버리는 '분석 마비' 현상을 피하기 위해서다. 증거를 보강하면 활동에서 의미를 추론하고, 우리가 데이터를 통해 생각한 바를 실증하며, 켜켜이 풍성함을 더할 수 있다. 이러한 정보 수집 덕분에 스토리들을 해석하고 신빙성 있는 자료를 이용해서 상호작용과 행동, 인식, 감정, 돌봄 상태를 기술하려는 우리의 목표를 보다 더 잘 알릴 수 있다.

노인 돌봄Elder Care이라는 이 사례는 조사의 기반으로 감지기를 사용하는 다양한 응용 사례 중 하나로서 통찰력과 기회를 제공해준다. 이 프로젝트의 출발점은 노인의 건강 상태가 갑자기 악화될 때 그것과 관련한 뭔가를 알아야겠다는 생각이었다. 이 프로젝트의 '사냥 선언문'은 이렇다. '건강상의 문제를 의미할 수도 있는 노인의 행동과 신체 상태의 변화를 확인하기 위해서 특정한 노인에게서 나타나는 일상적인 생활 패턴을 생생하게 그려낸다.'

접근법은 다음과 같다. 카우스 하우스Kauth House는 만성 폐쇄성 폐질환 (COPD)을 가진 개인을 연구한 사례이자 보다 더 일반적으로는 독거노인을 시험 연구한 사례다. 우리는 보다 광범위한 공동체 연구 사례의 프로세스와 프로토콜, 교육 자료를 만들고, COPD 환자를 이해하는 기준도 수립했다. 행동이나 신체 상태의 변화를 확인하기 위해 제일 먼저 측정 기준을 정해야 했다. '정상적인' 일련의 행동과 상태를 정해놓으면 건강 악화를 의미할 수 있는 비정상적인 상태를 알아볼 수 있다.

일련의 감지기들은 우리가 얻고자 하는 데이터 세트, 환경, 예상 행동과 관련되어 있다. 집 안에서 노인들의 동선을 조사하면 감지기를 어떻게 배치하는 게 좋은지 알 수 있다. 최초의 데이터 시각화는 접근법을 보다 정교하게 다듬고 기준이 될 정상 수치를 정하기 위해 만든 것이다.

키넥트(kinect)
신체 위치와 다양한
사람들의 움직임을
3차원으로 추적한다.

라이트 다이오드
(light diodes)
주변의 빛 수준을
측정한다.

가속도계
중력과 관련된 가속도를
3차원으로 기록한다.

온도와 압력
온도와 기압을
측정한다.

그리드 아이
(grid eye)
사정거리 내의 환경에
대해 실시간 열 지도를
작성한다.

소리
7주파수에서 소리의
진폭(0~1023)을
기록한다.

습도
적절한 습도 수준을
측정한다.

무게
로드셀(load cell)은
적용된 압력의 변화를
측정한다.

통찰력을 찾아내는 조사에 성공한다는 것은 하드웨어와 조사 그 이상을 의미한다. 즉 소비자들이 항상 접속되어 있는 세상에서 일하려면 경험 공간을 끊임없이 역동적으로 탐구해야 한다는 뜻이다. 모든 스마트폰에 GPS와 가속계, 빛 감지기 같은 다수의 감지기들이 장착되어 있기 때문에 항상 접속하여 조사 및 추적을 할 수 있다. 인터넷을 플랫폼으로 삼으면 이 세상을 이해하고 소비자들과 그들의 스토리에 보다 더 큰 도움이 될 수 있다.

우리는 무엇을 발견할 수 있을까?

조사의 가치를 완벽하게 이해하려면 데이터, 조사 결과, 해석, 분석이
시각적으로 표현되어야 한다. 이상적으로는 언제나 접속되어 있어야 하
고 역동적이어야 한다. 데이터의 시각적 표현(역동적이고 도식적인 표현)은
효과적인 해석에 결정적이고 핵심적인 요소다. 감기 사례에서 봤던 경
험 모델처럼 미가공 데이터에서 해석된 모델들에 이르기까지 모든 층의
데이터를 표현하기 위해 그래픽과 다이어그램, 움직이는 다이어그램까
지 이용할 수 있다. 이것은 핵심 통찰력이나 기회를 알려주는 시각적인
표현이다. 핵심 통찰력에 대한 정의는 조직화 아이디어의 가장 중요한
참고 기준이 된다.

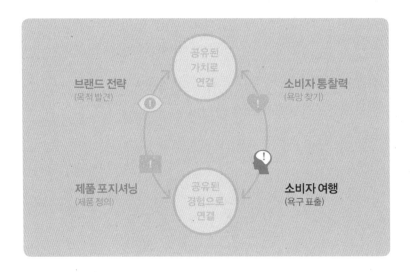

앞 그림에서 보듯이 네 기둥들과 마찬가지로 전략과 통찰력, 그 조사 결과는 스토리 시스템과 스토리스케이프의 발전에 귀중한 자료가 된다. 우리는 그중 하나를 조직화 아이디어를 위한 참고 사항으로 삼았다. 예를 들어 건강 분야와 미용 분야, 좀 더 구체적으로는 제모 분야에서 이루어지는 소비자 여행을 연구했다. 소비자 여행은 자존감을 둘러싼 감성적 영향, 사회적 압박, 제품의 카테고리에서 기대하는 것 등을 설명해주었다. 제품 선택에 있어서 다양한 선택권들은 아름답게 보이고 그렇게 느끼고 싶어 하는 끊임없는 욕망을 반영한 것이다. 그러면서도 새로운 것에 대한 기대와 훨씬 더 간단한 해결책을 바라는 열망이 있다. 반면에 해결책에 헌신하는 행동은 종종 다양한 선택권과 이른바 혁신이라는 이름으로 약화된다. 핵심적인 소비자 통찰력을 정의하자면 이렇다. '자신감이 나의 가장 효과적인 약이다.' 이러한 통찰력과 소비자 참여 행동에 대한 이해는 경쟁이 치열하고 혼잡한 환경에서 브랜드가 소비자 욕구에 이바지할 수 있는 방법, 그리고 이 방법에 조직화 아이디어가 어떻게 관련되는지 알려준다.

지금까지 브랜드 목적, 제품 포지셔닝, 소비자 통찰력, 스토리스케이핑과 관련된 소비자 욕구를 확실하게 파악했다. 다음 9장에서는 조직화 아이디어를 보다 더 상세하게 정의하고, 연결 가능하고 몰입할 수 있는 경험의 세계를 창조하기 위해 시스템 사고를 적용하는 법을 설명하겠다. 그것은 소비자들과 그들의 참여, 진화하는 소비자들의 개인 스토리에 의미를 부여하고 서로 연관성을 가지게 될 세계이다.

9

행동을 바꾸고
거래를 이끌어낼 경험 고취하기

지금까지 실행 모델과 조직화 아이디어를 지탱해주는 브랜드 목적, 제품/서비스 포지셔닝, 소비자 감정 이해, 소비자 욕구 이해라는 네 기둥을 소개했다. 또한 광고만 만드는 것이 아니라 세계를 창조하는 일이 얼마나 중요한지, 그 이면에 어떤 차이가 존재하는지도 설명했다. 이제 여러분의 세계를 창조하는 길을 열어주는 핵심 요소들 가운데 하나인 조직화 아이디어를 살펴볼 때다. 왜 그래야 할까? 조직화 아이디어가 조직화를 하기 때문이다. 그렇다면 무엇을 조직화하는가? 감성적 연상을 구축하고 행동을 고무하는 방식으로 소비자와 소비자 스토리 사이의 연결을 조직화한다. 이것은 전략적인 투입 요소이며, 때로는 창의적 표현이 될수도 있다. 조직화 아이디어는 브랜드가 소비자와 상호작용하는 방식을 정의하는 데 요긴하게 쓰인다. 여러분이 만들어내고 관리하거나 관련짓는 콘텐츠의 전제는 조직화 아이디어를 지렛대로 삼아 향상시킬 수 있다. 조직화 아이디어는 여러분의 스토리를 어떻게 이야기하고 전달하고 경험하는지, 그 스토리에 어떻게 참여하는지 굉장히 효과적으로 알려주는 강력한 개념이다.

여러분의 조직화 아이디어는 여러분의 브랜드 및 소비자에 관한 통찰력과 지식의 네 기둥으로 구축된 것이다. 앞에서 각각의 기둥들을 각각 다루었다. 여러분의 조직화 아이디어는 브랜드 목적과 진실하고 의미 있게 연결되어야 한다. 그래야 그 목적을 실현하는 방법의 일부가 된다. 브랜드 목적과 연결되지 않은 조직화 아이디어는 그저 두서없는 아이디어에 불과하다.

앞에서 설명했듯이 제품이나 서비스의 포지셔닝은 똑같이 중요한 기둥이다. 그러므로 여러분이 제공하는 것이 무엇인지, 왜 그것을 제공하는지, 그것을 어떻게 전달할 것인지를 아주 명확한 관점에서 바라보아야 한다. 그러지 않으면 스토리스케이핑으로 만들어내고자 하는 행동의 효과가 약해진다. 조직화 아이디어는 창조된 경험의 유형과 그러한 경험이 스토리 시스템을 통해 연결되는 방법을 알려준다. 제품이나 서비스 포지셔닝과 기본적으로 연결되지 않으면 무슨 일을 하든지 거래의 궁극적인 반응을 이끌어내는 효과가 떨어질 수밖에 없다.

소비자 통찰력을 다룬 이전 장들에서 소비자 통찰력이 소비자들의 감성적 욕망을 이해하는 데 얼마나 중요한지 증명해 보였다. 조직화 아이디어는 그러한 감성적 영역을 자극한다. 행동을 북돋우는 방식과 몰입 경험을 창조하는 방식을 확실하게 하려면 조직화 아이디어가 소비자 통찰력과 연관성을 지녀야 한다. 이것은 희구하는 연결을 목적과 일치시키는 핵심이 된다. 진정한 소비자 통찰력은 종종 가장 창의적인 해결책들의 기반이 되는데, 특히 소통과 스토리텔링 영역에서 그렇다. 감성적으로 힘든 일 또는 소비자의 문화적 영향력을 진정으로 이해하는 것은 아주 값진 일이다. 참신하고 진실한 통찰력을 찾아내는 일에는 과도한 노력과 탐구, 발견이라는 것이 없다. 소비자들의 모든 측면을 탐구하는 것은 보람 있는 일이다. 이제는 문화적 통찰력과 카테고리 통찰력, 경쟁적 통찰력, 그리고 가장 심층적인 소비자 감정에 대한 통찰 등을 고려하면서 가장 광범위한 차원에서 조사를 해야 한다.

마지막으로, 여러분은 소비자가 사람, 장소, 사물과 상호작용하는 방법에 관한 명확한 견해도 얻었다. 이러한 상호작용을 알고 따르는 과정을 흔히 소비자 여행이라고 하는데 이 소비자 여행은 어떤 행동이 어디에 존재하는지 이해하는 기본이 된다. 이 정보를 이용하면 상호작용들을 어떻게 이용하고 바꾸거나 확대할 수 있는지 알 수 있다. 이런 노력은 소비자들의 생활 중 하루를 살펴본다고 간단히 알아낼 수 있는 일이 아니다. 그러므로 감성적 여행과 그 감정이 사람들의 행동과 어떻게 연관되는지 더 깊이 천착하고 이해해야 한다.

기둥들을 이용하면 효과적인 조직화 아이디어를 수립하는 방법을 조사할 수 있다. 먼저 만들어내려고 하는 것이 무엇인지 이해해야 한다.

조직화 아이디어를 정의하자면 이렇다. '소비자 행동을 바꾸기 위해 브랜드가 해야 하는 것을 정의해주는 능동적인 진술이며, 스토리스케이프로 창조된 경험들의 유형을 고취하는 것이다.'

조직화 아이디어는 원대한 아이디어가 아니다. 원대한 아이디어는 조직화 아이디어를 전달하는 창의적 표현이거나 감탄 또는 탄식하는 경험이다. 레드불^{Red Bull}은 놀라운 브랜드이자 원대한 아이디어와 연결된 알짜배기 브랜드다. 열기구를 타고 우주로 나가 아래로 뛰어내리는 것 같은 원대한 아이디어와 연결되어 있다. 이것은 원대한 아이디어지만 조직화 아이디어는 아니다. 이에 대해서 좀 더 자세히 설명해보겠다. 레드불은 많은 원대한 아이디어들과 협력사들, 콘텐츠, 유통 채널을 가지고 있다. 그 모든 것들에서 어떻게 가치를 얻어내는가? 그 모든 것들이 조직화 아이디어와 연결되어 있기 때문에 가치 있다고 인정받는다. 레드불의 조직화 아이디어는 '날아오르다'와 같은 것이 될 수 있다. 이 조직화 아이디어는 '레드불이 날개를 달아줘요'처럼 아름답게 표현된다. '레드불이 날개를 달아줘요'라는 아이디어에서 시작하면 조직화에 실질적으로 필요한 선택권들을 얻게 된다. 바로 이 때문에 정신 나간(좋은 뜻으로) 사람이 우주에서 열기구 밖으로 뛰어내리고 싶어 할 때 '그래, 그거 잘되겠는데'라고 말할 수 있다. 이 아이디어는 여러분의 브랜드와 일치하기 때문에 잘 실현되고, 에너지를 통해 여러분의 제품과 연결되며, 콘텐츠 주도적인 소비자들의 참여를 이끌어내고, 감성적인 흥분을 불러일으킨다. 더 나아가서 '레드불이 날개를 달아줘요'라는 조직화 아이디어에 생명을 불어넣는다. 레드불 플러그태그^{Flugtag}, 조이라이드^{Joyride}, 클리프 다이빙$^{Cliff Diving}$, 엑스게임의 협찬을 살펴보면 많은 연결과 연상의 상당 부분이 조직화 아이디어와 관련 있다는 것을 알 수 있다. 가장 중요한 사실은 레드불이라는 제품의 역할을 부인하기 어렵다는 것이다. 이 덕분에 각각의 레드불 경험은 다른 콘텐츠에 관한 것일지라도 브랜드 단절 없이 또 다른 경험으로 이어진다.

창조가 일어나게 두자

조직화 아이디어를 창조하는 것은 과학이 아니다. 조직화 아이디어를 창조하는 공식도 없다. 데이터와 통찰력은 있어도 훌륭한 아이디어를 만들어내는 공식은 없다. 그런 공식이 있다면 아이디어는 더 이상 창의성의 결과가 아닐 것이다. 우리가 제공할 수 있는 것은 여러분이 조직화 아이디어를 가지고 있는지 여부를 테스트하는 방법이다. 이 방법은 많은 사람들의 데이터에서 나오는 기술에 훨씬 가깝다. 본능, 직감, 경험, 열정이라는 주재료가 들어간 일종의 요리법과 같다. 이 주재료들이 서로 융화되어 기회가 만들어진다. 이 요리에 접근하고 싶다면 전략적으로 생각하는 상태와 영감을 받는 상태의 균형을 이루어야 한다. 바로 이때문에 이 방법은 기술이라고 일컬어진다. 이 방법의 토대는 팀워크다.

우리는 연결된 사고라는 접근법을 사용한다. 연결된 사고에서는 각기 다른 분야에서 나온 많은 의견들이 외로운 천재 단 한 명의 의견보다 훨씬 더 강력하다. 그렇다고 해서 천재가 기여하는 것이 가치 없다는 말은 아니다. 천재의 기여는 당연히 가치 있지만 1차원적이다. 조직화 아이디어는 다양한 관점들을 지니고 있다. 그와 동시에 활용 범위가 넓다. 그렇기 때문에 연결된 사고는 아이디어의 소유권을 공유하면서 기회를 탐구할 수 있게 보장해주는 결정적인 기반이 된다. 게다가 이러한 협력 과정에서 처음부터 사람들 사이의 이해가 생겨난다.

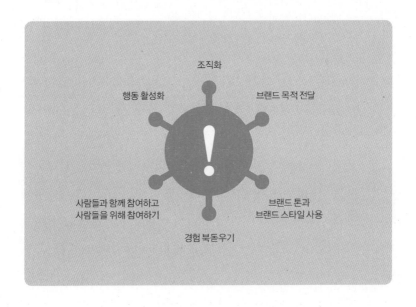

조직화 아이디어를 창조할 때는 기둥들의 핵심 특성들을 살펴본다.

조직화 아이디어를 개발할 때 자문해야 하는 몇 가지 초기 질문들은 다음과 같다.

- 조직화하는 아이디어인가? 소비자들이 스토리와 연결되는 방식을 조직하기 위해 분명한 전제를 제시해 주는가?
- 여러분이 사용할 채널들의 역할을 정의하는 데 도움이 되는가?
- 행동을 활성화시키는 것처럼 느껴지는가? 소비자들을 위한 경험을 자극하고, 그러한 경험들은 행동을 필요로 한다.
- 조직화 아이디어가 연관된 투영 경험과 더불어서 브랜드 목적을 실행하는가? 다시 말해 여러분의 브랜드 신념과 일치하고 그러한 믿음을 활성화하는가? 브랜드 목적과 조직화 아이디어의 명확한 논리적 연결을 이끌어낼 수 있어야 한다. 여러분 자신에게 '기대한 감성적 연결이 브랜드의 존재 이유와 신념, 혹은 목적과 일치하는가?'라고 물어볼 때 좋은 견해가 나온다.
- 브랜드는 메시지 그 이상이다. 브랜드는 회사를 의인화한 것이다. 이러한 의인화를 통해 소비자들에게 보다 인상적이고 호감 가는 존재가 될 수 있다. 이와 유사하게 조직화 아이디어는 브랜드의 톤과 스타일에 어우러져야 하고 그것을 지지해야 한다. 아주 쉽고 빠르게 '브랜드가 그렇게 말하는 것 같은가?'라고 자문할 수 있다.
- 몰입 경험을 이끌어내는 것이 목표라는 사실을 명심하기 바란다. 조직화 아이디어에 관해 생각할 때 행동을 이끌어내는 경험을 만들어낼 것 같다는 느낌이 즉각적으로 드는가?
- 스토리스케이핑은 몰입 경험과 참여의 세계를 구축하는 것이다. 조직화 아이디어는 경험의 핵심 플랫폼이며, 분명한 행동을 통해서나

어쩌다가 행동을 통해서 참여를 추구해야 한다. 어렵지만 생각해볼 만한 질문을 하나 해보자. 조직화 아이디어가 자신들의 스토리 속으로 브랜드를 끌어들여 사람들의 경험을 이끌어낼 잠재력을 지니고 있는가?

지금까지 조직화 아이디어에 관해서 살펴봐야 할 몇 가지 측면들을 소개했다. 하지만 다시 말하는데 조직화 아이디어는 과학이 아니다. 사고라는 몇 마디 말을 평가한다고 해서 결정되는 일은 없다. 그렇기 때문에 경험과 다양한 관점들, 사전 계획을 활용해야 한다. 조직화 아이디어를 포괄하는 창의적 표현과 경험을 상상해야 한다. 조직화 아이디어는 보통 창의적 표현과 영역을 탐구하는 작업과 별개로 형성되지 않는다. 조직화 아이디어에서 원대한 아이디어로, 그 밖에 다른 것들로 바통을 넘겨주는 그런 과정이 아니다. 유기적이고 상호작용을 하며 창의적인 과정이다.

하지 말아야 할 것들

조직화 아이디어를 창조하는 것은 새로운 개념이다. 조직화 아이디어와 원대한 아이디어의 차이점은 앞에서 설명했다. 전략적 관점으로 보자면, 때로 그 차이 덕분에 피해야 할 것을 알아보기가 쉬워진다. 그러므로 여기서는 조직화 아이디어를 창조할 때 주의해야 할 점들을 몇 가지 소개하겠다.

- 조직화 아이디어는 제안을 사용하지 않는다. 제안이란 브랜드 특성이나 혜택에 관한 진술이며, 조직화에 도움이 되지 않는다. 그러므로 조작을 목적으로 삼는 제안이 아니라 행동을 자극하고 바꾸는 표현을 사용해야 한다. 달리 말하자면 '오직 수 제네릭 피자만이 가족 비법으로 소스를 만든다' 또는 '수 제네릭 피자에서만 피자 하나를 사면 하나를 더 준다'와 같은 문구들을 사용하지 않는다.

- 조직화 아이디어는 개성이 없거나 뻔한 진술을 사용하지 않는다. 예리한 통찰력과 연결되는 창의성을 불러일으키는 것이 목적이다. 달리 말하자면 '팬들과 소비자들의 준비성을 높인다' 또는 '소비자들이 더 많은 것을 하도록 도와준다'와 같은 표현을 사용하지 않는다.

- 조직화 아이디어는 소비자 통찰력이나 소비자 관점에서 나오면 안된다. 통찰력이 조직화 아이디어에 정보를 제공하기 때문에 통찰력을 통해 소비자와 연결되는 것이 목적이다. 그러므로 조직화 아이디어는 소비자 세계나 욕망들을 묘사하는 것처럼 보이면 안 된다. 달리 말하자면 '내 인생의 모든 측면에서 균형을 유지하려고 한다' 또는 '당신이 사는 바로 그곳에 있을 때만 당신 자신에게 푹 빠져들 수 있다'와 같은 통찰력들을 사용하지 않는다.

- 조직화 아이디어의 주목적과 창출은 관점의 근본적 변화를 필요로 한다. 그것은 스토리 시스템을 위한 연결들을 발전시키고, 채널 역

할과 참여 지점, 스토리 차원, 우선순위, 경험 기회를 정의하는 데 도움이 되기 때문에 스토리스케이핑의 핵심이다.

지금 이 장을 읽으면서 여러분 브랜드의 조직화 아이디어가 무엇일지 생각하기 시작했다면 올바른 방향으로 나아가고 있는 것이다. 그렇지 않다면 다시 처음으로 돌아가는 게 좋다. 조직화 아이디어를 확인했지만 그것이 옳은지 확신이 안 든다면 관점의 조직적 변화가 있어야 조직화 아이디어의 힘을 이용할 수 있다는 사실을 염두에 두기 바란다. 조직화 아이디어로 브랜드를 전달하는 방법과 경험을 구축하는 법, 콘텐츠를 창조하는 법, 스토리를 전하는 법, 미디어 계획을 세우는 법, 혹은 소비자 채널을 정의하는 법에 관한 결정들을 정의하지 못하거나 규정하지 않으려고 한다면 진정한 효과를 잃을 위험이 있다. 많은 조직들이 이런 도전에 직면해 있다. 이러한 도전을 연료로 삼아 여러분의 회사 내에서 긍정적인 변화에 불을 지펴야 한다. 몰입 경험을 구축해주는 조직화 아이디어와 강력한 목적을 믿어보라. 그렇게 하면 조직에 새로운 차원의 효율성을 불어넣을 수 있고, 브랜드 가치는 물론 여러분의 사업 전체를 키울 수 있다.

지난 10년 동안 코카콜라는 목적을 강력하게 활용해서 조직화 아이디어로 얻을 수 있는 힘을 밝혀냈다. 그들은 여전히 창의성, 스토리의 진화, 소비자 참여를 희생시키는 짓을 절대 하지 않는다. 2003년에 코카콜라 브랜드는 '코카콜라는 …… 진짜다'라는 슬로건을 사용했지만 많은 다른 광고 캠페인들이 전 세계로 퍼져나갔다. 2005년에는 '진짜로 만들자(Make it Real)'라는 슬로건을 채택했고, 계속해서 다양한 광고 캠페인을 전 세계에 퍼뜨렸다. 일반 사용자는 코카콜라와 코카콜라의 슬로건이 그들끼리만 연결되어 있다고 생각할 수 있다. 하지만 2006년에는 '삶의 콜라적인 면(The Coke Side of Life)'이라는 포지셔닝을 중심으로 자사를 세계적 브랜드로 강화하기 시작했다. 이것은 소비자 연관성이 높은 강력한 아이디어였다. 그 후 몇 년 동안 코카콜라는 그 아이디어를 중심으로 더욱 강화되었다. 또 몇 년 동안은 '행복을 열어요(Open Happiness)'라는 조직화 아이디어에 전념해서 자사의 목적과 더욱 완벽하게 일치되었다. 지금은 한 가지 아이디어 플랫폼 이면에 대부분의 마케팅 노력을 쏟아 붓는 것 같다. 코카콜라는 계속해서 자사 브랜드에 관한 훌륭한 스토리와 경험을 많이 만들어내고 있으며, '행복을 열어요'라는 표어에 충실하다. 이것은 코카콜라가 많은 다른 소통 아이디어와 광고 캠페인을 그 슬로건에만 연결시키는 것에서부터 한 가지 핵심 아이디어를 중점적으로 삼는 것에 이르기까지 모든 것을 능률화했다는 뜻이다. 소비자들이 보다 더 전 세계적으로 연결되었을 때 그러한 전 세계적 차원의 통합이 어떤 영향력과 효과를 가져다줄지 상상이 가는가? 그래도 뭔가 부족하다 싶으면 코카콜라의 주가가 2003년도 주가의 174퍼센트라는 점을 주목하기 바란다.

이제 조직화 아이디어의 힘과 중요성을 살펴봤으니 이제는 스토리 시스템을 창조할 때 조직화 아이디어를 활용하는 방법을 알아보겠다.

경외심을 얻는 조직화 아이디어

 | ESPN 엑스게임

엑스게임(ESPN 세계의 일부)이 급속도로 확장되어 매년 6개 행사를 주최하고(과거에는 3개 행사 주최) 2013년에는 그 행사들이 세계적인 규모로 성장하면서 우리는 몇 가지 구체적인 사업적 도전에 직면했다.

첫째, 더욱 많은 콘텐츠를 보다 더 많은 시장에 새로운 디지털 스위트digital suite의 일부분으로 배포할 새로운 방법들을 찾아야 했다. 둘째, 액션 스포츠 세계 내에서 엑스게임의 프리미엄 상태를 유지해야 한다. 근본적으로는 엑스게임을 스포츠뿐만 아니라 기술의 최전선에 두면서 사용자가 만든 콘텐츠(UGC)와 브랜드화된 콘텐츠를 통해 팬들의 참여를 끌어내는 경험의 세계를 창조해야 한다. 엑스게임은 세계적으로 확산되면서 자사의 애호가들을 늘릴 수 있게 도와달라고 했다. 물론 전 세계 애호가들은 잡다한 시장에서 나오는 콘텐츠처럼 또 다른 전략적 장애물들을 만들어냈다. 그래서 그들이 어떻게 연결될 수 있는지 증명하기 위해 시장 지도를 그리는 일이 우리 계획 과정의 일부였다. 마지막으로 사이트 방문객들과 사용자 참여를 늘려서 수익을 올려야 했다. 의뢰인의 관점에서는 이것이 가장 중요한 문제였을지도 모른다.

행동과 몰입 경험 이끌어내기

엑스게임의 새로운 세계를 창조하는 일 이면에 자리한 조직화 아이디어는 간단히 말하자면 '끝내주는 상태 활성화'다. 이 아이디어를 끌어내는 것은 결코 간단하지 않다. 조직화 아이디어의 근본은 많은 사람들의 협력이었고, 게임 진행 중에 연결된 사고를 보여준다.

엑스게임의 명확한 브랜드 목적은 '새로운 것을 끌어내고 크게 나아가는' 것이었다. 소통 캠페인은 이 제안에 기반을 두었을 것이다. 우리의 목표는 더 많은 행동과 더 많은 몰입 경험을 연결하고 이끌어내는 것이다.

엑스게임이 영상 대회부터 공중 곡예 스노우보딩에 이르는 새로운 행사와 활동을 주최함과 더불어 시장과 콘텐츠를 확장해나가면서 그 제품 제안도 확실해졌다.

우리는 소비자를 이해하려고 했다. 우리의 통찰력 접근법은 대체로 두 가지 주요 목표 그룹에 초점을 맞추었다. 한 그룹은 이미 액션 스포츠 추종자들인 '열성' 팬들이고, 다른 한 그룹은 대규모 액션 스포츠 행사를 (주로 텔레비전으로) 관람하는 일반적인 스포츠 팬들인 '쌍방향 플레이어들'이다. 이들 목표 대상들을 조사해서 기술이 그들의 삶에서 어떤 역할을 하는지, 그들이 스포츠 콘텐츠를 어떻게(왜라는 질문도 포함) 소비하고 이용하는지, 방송과 엔터테인먼트 추세가 어디서 그들의 행동과 교차하는지, 엑스게임 그리고 엑스게임과 경쟁하는 스포츠 전체의 기존 대화 환경이 어떠했는지에 관한 핵심 정보들을 얻었다.

이 과정을 통해서 열성 팬들이 창의성과 개인적 성취를 핵심 동기로 삼으며 표현이라는 하위문화를 토대로 연결되는 경우가 더 많다는 사실을 알아냈다. 반면 쌍방향 플레이어들은 기삿거리가 될 만한 과제 수행과 일반적인 의미의 경쟁심에 좀 더 치중하면서 경쟁적인 스포츠를 토대로 연결되는 경우가 더 많았다.

이어서 참여 환경을 그려보았다. 그러기 위해서 먼저 인터넷 텔레비전에서 스마트폰, 태블릿에 이르기까지 팬들이 이용하는 모든 기술을 포괄적으로 살펴보았다. 뿐만 아니라 그만큼 중요한 요소로, 팬들이 기술을 일반 방송과 함께 이용하는 방법도 조사했다. 이러한 세컨드 스크린$^{second-screen}$ 접근법은 두 번째 접속 지점$^{second\ point\ of\ contact}$이 방송을 쓸모없는 것으로 만들기보다는 사람들을 그 경험에 몰입시킴으로써 가져다줄 수 있는 가치를 인정하게 되었고, 그것은 우리가 프로젝트를 성공적으로 시작할 수 있는 큰 힘이 되었다. 참여 통찰력 덕분에 수동적인 시청을 능동적인 경험으로 바꾸기 위한 비전을 수립할 수 있었다.

여러 측면에서 '끝내주는 상태 활성화'를 해야 한다는 게 분명해졌다. 그래서 엑스게임을 단순한 액션 게임이 아니라 그 이상의 본거지로 만들기 시작했다. 우리가 액션의 본거지가 되었다. 그러자면 집 안의 소파에 앉아 있든, 알프스 산꼭대기 티뉴^{Tignes}에 있든, 혹은 거리의 스케이트보드장에 있든 상관없이 어디서나 엑스게임을 이용할 수 있는 디지털 플랫폼으로 팬들을 끌어들여서 모든 행사들이 팬들과 보다 더 깊이 연결되도록 만들어야 했다.

엑스게임은 본래 규모가 크고 대담해서 엑스게임 선수들은 혁신적인 기술과 자신만의 스타일을 개발하려고 노력한다. 엑스게임은 현대적인 기술과 예술적 표현의 결합이며, 그러한 결합이 새로운 엑스게임 디지털 세계를 그려내는 우리의 시각적 디자인을 이끌어냈다. 우리는 태블릿과 모바일 경험을 디자인하고 그에 집중하기 위해서 앱 우선^{app-first} 접근법을 사용해 우리의 인터페이스와 내비게이션 스타일을 정의했다. 간단하게 말해서 엑스게임이 유리한 고지를 잃지 않고 최첨단에 설 수 있도록 만들어주었다.

경험을 확장하고 활성화시켜라

먼저 엑스게임 세컨드 스크린 태블릿 앱부터 시작했다. 이 앱은 행사에 참석한 팬들과 다른 곳에서 행사를 지켜보며 참여하는 팬들을 위해 관람 경험을 확장해주었다. 우리는 이 두 관람객 그룹들을 전례가 없는 방식으로 연결해주었다!

우리가 소개한 연결 특성은 하이프미터^{HypeMeter}라는 것이다. 하이프미터는 행사장과 가정, 소셜, 게임의 흥분도를 측정해서 엑스게임의 모든 순간을 1에서 100까지의 단일 점수로 요약하는 실시간 인터렉티브 엔진(엑스게임 행사 중에 실시간으로 작동함)이다. 덕분에 행사에 참석한 팬들과 집에 있는 팬들은 사이트와 앱 경험 양쪽에서 트위터와 페이스북, 가벼운 게임을 통해 흥분을 가중시킴으로써 처음으로 함께 응원할 수 있었다.

팬들은 '하이프 차트^{hype chart}'를 이용해서 엑스게임의 가장 끝내주는 순간들을 분석하고 가장 짜릿한 최고 절정의 순간과 관련된 콘텐츠에 접근할 수 있었다. 이 말은 ESPN이 새로운 방식으로 분석의 소셜 레이어^{social layer}를 더했다는 뜻이다.

디지털 경험의 또 다른 핵심적 특성은 트릭 트랙^{Trick Track}이다. 이것은 기술 명칭과 통계 수치와 결과를 실시간으로 제공해서 라이브 방송까지 해주는 세컨드 스크린 경험이다. 그렇기 때문에 팬들은 어디서나 완전히 새로운 차원의 정보를 갖고 참여할 수 있다. 그러므로 거실 소파에 앉아서도 스포츠 활동에 보다 더 가깝고 깊이 빠져들어서 관중석과 심판석에 앉아 있는 것처럼 느낄 수 있다.

새로운 세계를 설계하는 일이 있다면, 그 세계를 상호작용적 경험으로 구축해 집에 있는 팬들과 행사 현장의 팬들을 소셜 콘텐츠와 방송, 액션을 초월해 한 공간에 불러 모으는 일은 완전히 다른 별개의 문제다. 우리는 조직화 아이디어의 힘을 믿는다. 그런 조직화 아이디어가 팬들이 좋아하는 선수들과 함께 좋아하는 스포츠에 실제로 참여하는 방식을 바꾸었다.

한 번도 경험하지 못한 몰입 상태에 빠지다

몰입 경험의 새로운 세계에서 '끝내주는 상태 활성화'를 함으로써 한 번도 경험하지 못한 수준의 참여를 만들어냈다. 그 앱이 출시됐을 때는 아이튠스 앱스토어에서 12일 동안 1위를 차지했다. 한 해 동안 순방문자 수에서 사이트에 머무르는 시간, 동영상 재생 횟수에 이르기까지 모든 디지털 참여 수치가 100퍼센트 이상 상승했다.

엑스게임의 우리 파트너들은 그 결과에 무척 기뻐했다. "작년 수치와 비교하면 엄청나게 높은 수치였습니다. 브랜드의 위대한 승리였고, 우리는 매우 행복합니다."

마케팅 분야에서 조직화 아이디어를 이용하는 것은 강력하고 새로운 개념이다. 조직화 아이디어가 있으면 브랜드 목적, 제품 및 제품 포지셔닝, 감성적 측면의 소비자, 행동적 측면의 소비자라는 네 기둥과 근본적으로 연결된 경험의 세계를 창조할 수 있다. 이 네 기둥은 새롭게 정의된 기회와 통찰력에서 나온다. 다음 단계는 조직화 아이디어를 경험 공간에서 활용하는 것이다. 여기서 조직화 아이디어는 채널들과 줄거리 연결, 중요한 경험 유형들의 역할을 정의하는 데 유용하다.

10

조직화 아이디어와
경험 공간의 만남

어떤 것들은 끝내주게 잘 어울리면서, 그 결합이 각각의 요소보다 훨씬 나은 경우가 종종 있다. 1+1=3이라는 방정식이 되는 것이다. 예컨대 땅콩버터와 젤리, 베지마이트(Vegemite: 채소류와 소금, 효소를 혼합하여 만든 음식-옮긴이)와 치즈, 진과 토닉은 모두 함께 어우러질 때 더 낫다. 결합은 연결보다 훨씬 더 큰 가치를 창출한다. 감동적인 증폭 효과를 발휘하는 것이다. 조직화 아이디어와 경험 공간의 결합이 그러하다. 이 둘을 결합시키면 브랜드 로고나 디자인 유형 그 이상의 연결을 가능하게 해주는, 훨씬 의미 있게 구성된 효과적인 스토리스케이프를 구축할 수 있다. 소비자가 몰입하는 연관성 있는 스토리, 기술, 경험으로 연결되는 세계를 창조할 수 있다.

스토리스케이핑의 전반적인 모델과 접근법은 앞에서 설명했다. 브랜드의 목적과 핵심적인 감성 통찰력, 행동 통찰력을 밝혀냈고, 가치를 부여하는 제품이나 서비스 차별화 전략을 개발했다. 이 네 기둥을 연결해서 조직화 아이디어를 이끌어냈다. 조직화 아이디어는 강력한 것이다. 지금부터 스토리 시스템을 창조하고 궁극적으로는 스토리스케이프를 도출하기 위해 조직화 아이디어와 경험 공간을 연결하는 방법을 살펴보겠다. 먼저 조직화 아이디어와 경험 공간이라는 모델의 새로운 응용 방법들을 중점적으로 살펴보자. 그러고 나서 시스템 사고를 활용해 스토리 시스템을 구축하고 스토리스케이프를 이끌어낸다.

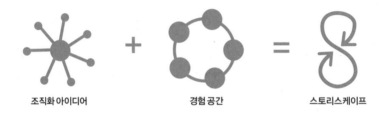

조직화 아이디어   경험 공간   스토리스케이프

경험 공간부터 파헤쳐보자. 경험 공간을 스토리스케이프를 창조하기 위해 작업하는 캔버스라고 생각하자. 경험 공간은 제일 먼저 정의해야 하는 3차원 캔버스다. 이 캔버스에는 물리적 환경 그 이상이 존재한다. 사람들이 만들어낸 가상 공간도 그곳에 있다. 이 공간에서는 제품 경험 외에도 콘텐츠에 몰입하는 경험을 즐길 수 있다. 이 캔버스는 또한 소비자와 채널의 연결 그 이상을 보여주고, 소비자 경험의 많은 지점들을

연결해주는 기술과 플랫폼을 보여주는 공간이기도 하다. 이런 요소들을 지닌 경험 공간은 단순한 미디어 공간이 아니다. 물론 미디어 채널도 이 공간에 속한다. 우리는 이 모든 것, 특히 진부한 미디어 세계에 관한 관점을 바꾸어야 한다.

관행과 선입견의 허울을 벗어던져라

우리는 초반에 브랜드와 소비자를 연결해주는 가장 강력하고 영원한 무기 중 하나가 스토리라고 강조했다. 또 다른 중요한 무기는 미디어다. 영원한 기술로 간주되는 스토리텔링과 달리 미디어에 관해서 알고 있는 모든 것은 일시적이거나 유효 기간이 있다. 우리 주변 세계의 일부인 미디어 환경은 끊임없이 변하고 진화한다. 그것이 바로 우리가 살아가는 방식이다.

반면에 인간의 상태는 세월이 지나도 변하지 않는다. 사람은 언제나 사람일 테니까 말이다. 하지만 우리가 살아가는 세상은 매일 변한다. 그렇기 때문에 스토리텔링 여행은 계속 진화의 경로를 밟아 갈 것이다. 시간이 흐르면서 스토리에 관해 배운 가치 있는 교훈들이 기반이 된다. 이와 반대로 미디어 여행은 진화가 아니라 혁신이다. 이른바 '최상의 관행'이라는 과거의 관행, 선입견, 체화된 기억은 미디어 여행을 방해하기만 할 뿐이다.

미디어에 관한 우리의 관점은 몇 년 전부터 달라지기 시작했다. 2004

년 초에 미디어 계획을 세우다가 뜻밖의 사실 때문에 우리의 관점이 영원히 바뀌었다. 그 당시에 우리는 시티뱅크Citibank를 위해 엄청나게 많은 미디어를 사들이고 있었다. 사실상 우리 회사는 북아메리카 최고의 디지털 미디어 구매자였다. 덕분에 우리는 엄청난 영향력을 행사했고 귀중한 경험을 얻었다. 가장 중요한 사실은 상대적으로 새로운 공간에서 배울 수 있는 기회를 많이 얻었다는 것이었다. 우리는 많은 시티 기업 그룹들과 함께 일하고 있었고, 그들은 학생 대출 사업으로 사업 기회를 확장했다. 시티뱅크는 매우 진보적인 고객이었고, '디지털 중심으로' 운영되는 대행 회사 파트너를 찾고 있었다. 그들의 목표 대상은 항상 온라인에 접속해 있을 거라고 추정되는 젊은 대학생들이었다. 우리는 발견의 일환으로 '거리' 인터뷰를 하려고 비디오카메라를 든 팀을 내보냈다. 문화기술적 연구 방식으로 희구 소비자들과 간단하게 대화를 나누는 것이 목표였다. 그렇게 해서 학생들이 공부하는 데 필요한 자금을 어떻게 조달하는지 파악하고자 했다. 우리 같은 대행 회사와 고객은 대부분 학교를 졸업한 지 몇 년, 혹은 오랜 세월이 지났기 때문에 그 주제에 관해서 구태의연한 생각을 갖고 있었다.

현장에서 촬영한 동영상을 재생해봤을 때 우리는 예상했던 것보다 훨씬 많은 것을 배웠고, 우리의 관점이 확실히 낡았다는 것을 깨달았다. 우리가 가장 잘못 짚은 것은 대학생들이 많은 시간을 온라인에서 보낼 거라는 가설이었다. 우리의 미디어 도구와 선입견, 이용 가능한 모든 제3자 조사를 동원했을 때는 그러한 가설이 신빙성이 높았다. 하지만 학생들을 직접 만나서 알아낸 사실은 그들이 온라인에서 많은 시간을 보내지 않는다는 것이었다. 그들은 굉장히 활동적인 생활을 했다. 공부하고, 파티하고, 데이트하고, 야외활동을 했다. 특히 파티를 많이 했다. 대학생들은 컴퓨터 앞에 앉아 있을 시간이 없었다(2004년에는 데스크톱 컴퓨터로만 인터넷을 이용할 수 있었다는 점에 유념하자). 이러한 발견과 더불어 추가 조사를 실시하자 고등학교 학생들이 온라인에서 많은 시간을 보낸다는 사실이 드러났다. 대부분의 인구 통계적 집단에서 그런 결과가 나왔다. 심지어 다소 나이가 든 여자들마저 대학생들보다 컴퓨터 앞에서 많은 시간을 보냈다.

컴퓨터 사용자를 대상으로 한 동영상 인터뷰에서는 한 가지 일관된 사실이 드러났다. 학생들이 마이스페이스^{MySpace}를 하려고 컴퓨터를 사용한다는 사실이었다. 우리는 그런 사회적 트렌드를 잘 알고 있어야 하는 사람들이었지만 마이스페이스라는 웹사이트를 들어보지도 못했다. 실제로 우리가 인터뷰한 각기 다른 대학교 학생들의 90퍼센트가 마이스페이스를 언급했다. 이 뜻밖의 사실은 통찰력의 '숨겨진 보석'이 아니었다. 간단히 질문을 던지기만 하면 누구나 찾아낼 수 있는 명백한 사실이었다. 이 사실 때문에 미디어를 바라보는 우리의 방식이 영원히 달라졌다. 우리는 어제 알고 있던 행동에 관한 미디어 데이터가 아니라 현재의 경험 공간을 이해해야 한다는 간단한 교훈을 얻었고, 이 교훈이 바로 시스템 사고 개념의 근본이다.

우리 주변 세계는 끊임없이 변하고 있고, 미디어 데이터 도구들은 개별적 세계의 부분 집합에 불과하다. 미디어 소비 데이터도 마찬가지다. 간단히 말해서 불완전하고 낡은 관점으로 데이터베이스에 기반을 두고 여러분의 캔버스를 정의하면 역동적인 3차원 세계가 아니라 작은 평면 공간을 얻는다. 이러한 발견의 보너스는 무엇이었을까? 우리는 마이스페이스의 첫 광고(기본적으로 최초의 소셜 미디어 광고)들을 구매하는 스릴을 만끽했고, 그 광고들은 상당히 효과적이었다.

책상 위에서 부리는 잔재주는 이제 그만!

매드맨 시절에는 텔레비전과 지역 라디오 방송국, 출판사 수가 기껏해야 손가락과 발가락을 꼽으면 다 헤아릴 수 있었다. 미디어 업계 사람들은 텔레비전 방송 대본을 매일 읽는 문화광들이었다. 우리는 모든 출판사의 편집 계획에 맞추어 살았고, 모두 같은 콘텐츠를 소비했다. 이런 사람들은 '대행업자들'이었다. 미디어 수가 폭발적으로 증가하고 세분화되어 수백 개의 케이블 채널과 수백만 개의 웹사이트가 순식간에 생겨나자 미디어 배치 환경이 확실히 달라졌다. 시장 이해의 수준을 따라 잡는 것은 사실상 불가능하다.

오늘날의 20대 기획자는 모니터 앞에 앉아서 5만 달러 이상을 버는, 24세에서 30세 남성이라는 다소 인구통계학적 변수들을 입력할 것이다. 어쩌면 낚시를 좋아한다는 심리적 변수와 12개월 만에 차를 구매했다는 세분화 필터^{segmentation filter}도 입력할 것이다. 그러고 나서 엔터키를 치고 (10억 분의 1초만) 기다리면 '목표 대상층'에서 상위에 오른 미디어 목록이 나온다. 그러면 이 사람은 '적합한' 미디어를 골라 제안 요청을 하고 가격을 책정 받아 미디어 구매용 스프레드시트를 작성한다. 그러고 나서 그 스프레드시트를 미세하게 조정한다. 마지막으로 상세한 조사와 약간의 협상을 끝내고 나서 스프레드시트를 파워포인트로 옮기고, 승인을 받기 위해 고객에게 제시한다. 이 과정은 이해하기 쉽도록 아주 간단하게 설명한 것이기는 하지만 여기 어디에 기술이 존재하는가? 통찰력과 과학은 어디에 있는가? 여기에는 분명 결점이 있다. 추측만 하는 것은 과학이 아니다. 모든 가능한 미디어 형태와 모든 가능한 경험이나 상호작용이 그 데이터베이스에 존재하는가? 마이스페이스는 확실히 그렇지 않았다.

여기서는 미디어 계획 데이터베이스에만 의지해서는 안 된다는 점을 강조했다. 미디어 환경이 매우 빠르게 변하기 때문에 그 주제를 다룬 오늘의 책은 내일이면 역사 속으로 사라질 것이다. 게다가 미디어 채널은 소비자 세계의 한 부분으로만 존재할 뿐이지 소비자 세계를 포괄하지 않는다. 이제는 사무실에서 나와 소비자들의 입장이 되어서 그들의 세계(경험 공간)를 조사하고 이해해야 한다. 그래야만 여러분의 스토리스케이프가 펼쳐질 캔버스를 정의할 수 있다. 다시 한 번 말하지만 미디어 계획은 캔버스 전체가 아니라 그 캔버스의 작은 일부분에 불과하다.

경험 공간의 목록을 작성하여 활용하라

현 상태보다 더 나은 '사서 소유하고 얻는' 미디어 전략을 좋아하지만 이 방법은 완벽하지 않다. 이것은 경험 공간을 바라보는 관점과 훨씬 밀접하게 연관되어 있지만 그래도 충분하지 않다. 소비자 생태계를 중심으로 경험 공간 모델을 구축하는 것이 아니라 브랜드 생태계를 중심으로 세계관을 구축한다고 생각할 때는 명백한 차이가 생긴다. 겉보기에는 아주 사소한 상황의 변화가 어떻게 2004년도 대학생들의 삶에서 마이스페이스가 담당한 역할을 밝혀주었는지 잠시 생각해보자. 일상적으로 '세계로 나아가는 소비자' 관점이 아니라 '소비자로 나아가는 브랜드' 관점으로 이루어지는 연결 계획에도 그와 똑같은 차이가 존재한다. 우리의 목표는 소비자 세계를 이해하는 것이자, 그러한 이해를 바탕으로 제품이나 서비스가 소비자 세계에 초대받을 수 있는 방법들을 찾아내는 것이다.

앞에서 여러분의 브랜드와 잠재 소비자 사이의 핵심 접점 목록을 작성할 때 사용하는 일차적인 조사 도구와 방법을 간략하게 소개했다. 그것과 미디어 계획 데이터를 결합하면 포괄적인 목록 이상의 것을 얻을 수 있다. 매트릭스 형태의 귀중한 소비자 여행 지도를 작성할 수 있는데, 이것은 연결 계획을 넘어선 비약적인 발전이다. 이제는 구매한 미디어를 뛰어넘어 현재의 소비자 관점을 지니게 된 것이다. 남은 과제는 집중과 우선순위 결정이다. 우리는 모두 한정된 시간과 예산, 직원을 가지고 있다. 그런데 어떻게 그처럼 많은 일을 할 수 있을까? 텔레비전 광고를 하나 더 만드는 게 훨씬 쉽지 않을까? 아니면 그것도 쉽지 않은 일일까? 바로 이 때문에 스토리스케이핑 접근법으로 굉장히 실용적인 혜택을 얻을 수 있다.

실제로 스토리스케이핑의 이 특정한 측면에서는 굉장한 반응을 얻어 낼 수 있다. 스프레드시트 한 장으로 훌륭한 브랜드를 만들 수 있다고 생각하지는 않지만 그것을 이용하면 매우 편리해지는 것은 사실이다. 기업은 분명히 수많은 전술과 채널, 디지털 세계에서 요구하는 새로운 능력 때문에 고전하고 있다. 예산은 기업들이 따라잡아야 한다고 생각하는 것들만큼 빨리 늘어나지 않는다. "페이스북 페이지가 필요해. 하나가 아니가 제품마다 하나씩 있어야 해. 트위터와 인스타그램, 바인^{Vine}, 텀블러^{Tumblr}로는 무엇을 하고 있지? 좀 더 모바일 쪽에 치중해야 해. 모바일 앱은 어디 있지? 상향판매(upsell: 더 비싼 제품을 구매하도록 소비자를 설득하는 것-옮긴이)는 어떨까? 유튜브도 빼놓지 말자고! 그래, 우리들만의 채널을 만들어……." 기업들은 이런 고민에 빠져 있다. 너무 극단적이라고? 약간은 그렇다. 실질적인 도전거리라고? 분명히 그렇다. 실제로 이 모델은 이러한 도전을 헤쳐 나가는 데 도움이 된다.

직시하느냐 떠나느냐 그것이 문제

어떤 접점들을 집중적으로 살펴봐야 하는가? 핀터레스트(Pinterest: 이미지 공유 및 검색 사이트-옮긴이)로 무엇을 할 수 있는가? 웹사이트를 다시 디자인하는 일에 투자해야 하는가? 아니면 페이스북 페이지를 만드는 일에 전력을 다해야 하는가? 우리의 모바일 플랫폼은 효과적인가? 이런 것들은 더욱 많은 자원을 투입하고 더욱 많은 콘텐츠를 퍼뜨리는 것보다 훨씬 연관성 있는 질문들이며, 이런 질문들은 보다 더 훌륭한 목적에 도움이 된다. 현재 소비자의 환경과 경험을 이해하고 있다면 이 모든 질문에 답하기가 훨씬 쉽다. 비선형적 경험 경로를 어떻게 찾아내고, 콘텐츠를 만들거나 디지털 혹은 물리적 경험을 구축하기 위한 접점들의 수를 어떻게 줄일 수 있는지 궁금해할지도 모르겠다. 혹은 채널이 소비자 세계에서 어떤 역할을 하는지 이해하려고 노력하는 중일 수도 있다.

지금 현재 우리의 목표는 채택과 조정, 진화가 역동적으로 이루어지는 경험 공간을 정의하는 것이다. 나중에 더 자세하게 살펴보겠지만 지금쯤이면 스토리 시스템을 구축하는 단계들을 이해하고 파헤칠 필요가 있다. 그 단계는 아래와 같다.

1. 목록 작성: 기존의 그리고 잠재적인 접점들과 채널들 목록을 작성한다.
2. 채점: 데이터 세트를 통해 우선순위 기준을 더한다.
3. 꼬리표 달기: 점수와 유형, 역할과 관련한 채널의 역할을 정의한다.
4. 자극: 조직화 아이디어를 연결하고 스토리와 전략, 시스템, 플랫폼, 해결책을 자극해서 이끌어낸다.
5. 최적화: 기술과 메시징messaging으로 주요 요소들을 연결한다.

이것은 아주 간단한 과정이지만 각 단계를 다루는 방법에서 그 가치가 드러난다.

1. 목록 작성

여기서 목표는 가능한 모든 접점들을 목록으로 작성하는 것이다. 이번 장에서는 초반에 설명했듯이 이 목록을 극대화하고 오늘날의 소비자와 연관성 있는 것으로 만들고자 한다면 일차적인 조사와 미디어 계획 도구들에 의지할 것이다. 기회 지도와 경험 모델, 잠재적 연결 지점들과 상호작용을 이해하려고 했던 소비자 여행을 이용한다. 실제 세계의 데이터와 함께 미디어 도구들을 이용해서 기회가 생길 만한 가망 접점들 목록을 완성한다. 그러한 접점들을 (십중팔구 스프레드시트로) 나열한다.

2. 채점

이 단계에서는 전략적 분석이 시작된다.(다음 샘플 표에 나오는 도달 비용, 참여, 영향 등과 같은 기준은 단순하게 설명을 돕기 위한 것이며, 채점에 흔히 사용하는 몇 가지 데이터 포인트라는 사실을 유념하기 바란다) 성취하고자 하는 것을 토대로 삼아 일련의 연관성 있는 데이터 포인트들과 득점 가중치를 정한다. 이러한 수치들은 소비자와 통찰력 이해에서 산출된 여러분의 브랜드나 제품의 효과적 측면을 반영한 것이어야 한다. 물론 참여의 몇몇 측면도 항상 필요할 것이다. 그것은 참여가 필요한 몰입 세계를 구축하는 스토리스케이프의 근본적인 요소이기 때문이다.

참여의 수준을 이용해서 상대적 소비자 관여 점수를 채점할 수 있다. 그것이 여러분의 기업 목표를 성취하는 최상의 방법이라면 말이다. 또 다른 측면에는 소비자 여행에서 소비자에게 미치는 감성적 영향이 포함될지도 모른다. 여러분의 스토리스케이프에서 어떤 접점들이 가장 중요한 요소가 될지 결정하려면 최적의 수단과 기준을 논리적으로 미세하게 조정해야 한다.

이러한 측면과 점수를 아래 스프레드시트에 더해 넣자. 그러면 본질적으로 상대적 우선순위를 결정하기 위해 접점과 채널로 구성된 채점표가 작성될 것이다.

궁극적인 목표는 여러분의 목표나 목적을 성취할 때의 효과성을 토대로 채널과 접점의 우선순위를 정하는 것이다. 예컨대 훨씬 오래되고 잘 알려졌지만 명성이 예전만 못한 브랜드가 있고, 경험할 필요가 있는 훌륭한 신제품이나 새로운 서비스가 있다면 참여 최대치로 도달 비용을 최적화하기 위해 여러분의 모델을 수정할 수 있다.

'완벽하게 다시 디자인되어 반짝거리는 새 차'의 경우를 한번 살펴보자. 먼저 참여 점수를 1에서 10까지 매긴다. 사람이 실제로 차에 들어가 앉아 양손으로 운전대를 잡고, 가죽 냄새를 맡으며, 시범 주행에서 마지막 모퉁이를 도는 동안 우렁찬 엔진 소리를 들을 때 참여 수치가 가장 높아진다. 이 경험은 10점을 얻는다. 직장에서 이메일을 확인하는 동안 자동차 배너 광고를 훑어보는 경우에 참여 점수는 1점이다. 상대적으로 텔레비전 광고에는 5점을, 끝내주게 멋진 텔레비전 광고에는 6점을 줄 수 있다.

경험 공간 구축: 스프레드시트 샘플

가망 접점들	우선순위 기준				스토리 시스템
	도달 범위	비용/도달	참여	영향력	
웹사이트	4	6	8	9	도심지
라디오	8	3	3	3	표지판
조사	7	5	1	2	표지판
핀터레스트	1	9	5	4	교차로
페이스북	3	7	4	5	목적지

*샘플 기준 – 이것은 브랜드와 기업 목적에 따라 맞춤 조정해야 한다.

신규 브랜드를 출시한다면 그와는 상당히 다른 최적화 기준을 살펴봐야 할지도 모른다. 순수한 도달 범위가 빈도와 마찬가지로 보다 더 가치 있을지도 모른다. 그렇다면 최적의 경험을 식별해내기 위해서 선택한 공식을 상대적으로 쉽고 간단하게 발전시킬 수 있다. 여러분의 기업 목적, 그리고 관여와 몰입, 참여와 같은 스토리스케이핑 원칙들과 일치하는 다수의 기준들을 찾는 것이 언제나 중요하다. 그렇게 하지 않으면 결과는 뻔하다. 1차원적인 브랜드 사상 최초로 시스템을 갖게 되거나 더욱 나쁘게는 소비자 관여의 여지가 전혀 없는 방송 전용 시스템을 갖게 되거나…….

이 접근법을 적극적으로 활용하면 역동적으로 변할 수 있고, 실적 데이터를 기초로 점수를 조정할 수 있다. 사람들이 연결하고 참여하는 방식에 미치는 미디어의 역할과 미디어 세계는 끊임없이 변한다. 그렇기 때문에 계획과 유보 지도set-aside map가 아니라 효과적이고 역동적인 접근법을 사용해야 한다. 콘텐츠와 시스템, 플랫폼을 바꿀 때 효과적인 것과 효과적이지 않은 것에 일치시키기 위해서 역동적인 접근법을 사용하고, 여러분의 스토리 시스템 구조와 우선순위들을 발전시켜야 한다.

3. 꼬리표 달기

앞서 설명했듯이 채점표를 보면 모든 채널들이나 접점들이 똑같지 않다는 사실이 확실히 드러난다. 효과와 비용, 다른 채점 요소들을 떠나서 채널이나 접점은 본래 다양하고, 경험 공간에서 하는 역할에 따라 달라진다. 가장 광범위한 차원에서는 채널을 서로에게 관련된 역할, 참여 깊이, 참여 유형으로 정의할 수 있다. 그러기 위해서 간단한 틀을 만들었기 때문에 접점과 채널에 최적의 역할을 꼬리표로 달 수 있다.

이 단계는 매우 중요하며, 스토리 시스템을 만들기 위해서 반드시 거쳐야 하는 단계다.

도로 시스템에 비유해서 스토리 시스템을 살펴보겠다. 각 도로에는 표지판과 교차로, 도심지, 목적지가 있다. 소비자 여행에는 막다른 골목이 없음을 확실히 해야 한다는 사실을 명심하기 바란다. 모든 도로는 '도심지와 목적지'로 이어지고, 그곳에서는 다른 사람들과 콘텐츠에 관여할 수 있고, 필요하거나 원하는 것을 살 수 있다. 이 네 가지 요소들을 뭐라고 부르든 상관없다. 다만 이들 각각 요소들의 역할, 그러한 역할을 하는 이유는 파악해야 한다.

표지판: 표지판은 마침표로 끝나지 않는 것들을 제외한다면 대체로 전통적인 광고와 비슷하기 때문에 이해하기가 가장 쉽다. 표지판은 언제나 다른 어딘가로 안내해준다. 그렇기 때문에 쉼표로 끝나야 한다. 표지판은 언제나 완수해야 할 명백하고 중요한 임무를 띠고 있다. 사람이 브랜드에 관여하도록 유도해야 하고, 경험을 북돋워야 한다. 총제적인 도달 범위와 도달 비용, 빈도, 영향력은 어떤 광고를 여러분의 계획에 넣을지 결정하는 데 중요한 역할을 담당할 것이다. 이러한 광고들은 표지판처럼 인식을 구축하고 구입을 자극하며, 궁극적으로는 사람들이 보다 더 적극적인 참여를 이끌어내는 데 기여한다. 텔레비전과 라디오, 출판물, 기사 내용, 옥외 광고, 판촉, 배너 광고, 검색 용어 등이 이에 해당된다.

교차로: 이곳은 소비자 또는 가망 고객이 여행을 하다가 교차할 수 있는 장소다. 또한 그들이 여러분의 브랜드와 관련된 정보나 영감을 추구하는 곳일 수도 있다. 유념해야 할 게 있는데, 여러분의 브랜드와 소비자가 잠재적으로 연결될 수 있는 모든 곳에 중요한 경험을 만들어낼 만한 시간이나 예산이 없을지도 모른다. 그러므로 여러분이 찾아낸 몇몇 접점들은 여러분이 정하고 채점한 기준을 토대로 우선순위에서 밀려날

수도 있다. 예컨대 여러분의 소비자가 열성적인 인스타그램 사용자지만 우선순위 기준으로 봤을 때 인스타그램이 투자 대상이 아닐 수도 있다. 그 대신 수치들로 봤을 때 페이스북에 크게 투자해야 한다는 사실이 드러났다고 해보자. 이런 상황에서는 인스타그램을 무시하고 막다른 경험을 만들 가능성이 높다. 스토리스케이핑에서는 페이스북과 연결되거나 페이스북을 가리키는 아주 가벼운 콘텐츠를 인스타그램에 만들 것이다. 이런 식으로 소비자들은 그 스토리에 연결된 상태에서 길을 잃지 않고 교차로를 통과한다.

도심지: 이곳은 사람들이 모이고 일이 벌어지는 상업의 중심지다. 모든 가망 접점들의 채점 과정을 끝내고 나서 가능성 있는 것과 유망한 것, 최적의 것으로 분류한다. 최적의 접점들은 팔릴 정도로 인상 깊고 몰입할 수 있는 경험을 창조할 때 많은 자원들을 쏟아 부어야 하는 곳이기 때문에 '도심지'라는 꼬리표를 달 수 있다. '팔리는 세계'는 다음 11장에서 좀 더 자세하게 소개하겠다.

목적지: 이곳은 적극적인 참여를 이끌어내는 귀중한 영역이다. 거래의 형태가 없다는 사실을 제외하면 도심지와 비슷하다. 이곳의 역할은 영감을 불러일으키면서 몰입할 수 있는 방식으로 참여를 구축하고, 궁극적으로는 시스템이나 콘텐츠의 형태로 도심지와 연결되는 것이다. 모바일 장치로 즐길 수 있는 게임이 대표적이다. 이곳에서는 판매 제품을 위한 전자상거래 플랫폼을 찾아볼 수 없지만 여러분이 브랜드 웹사이트나 상점을 방문할 때 사용할 수 있는 제안을 얻을 수 있다. 목적지는 언

제나 쉼표로 끝나고 진정한 참여를 이끌어내야 한다. 이러한 참여는 대화, 공유 콘텐츠, 게임 혹은 다른 방법들로 이끌어낼 수 있다. 가장 중요한 것은 이곳이 다른 목적지와 중심지 혹은 둘 중 하나와 언제나 연결되어야 한다는 사실이다.

4. 자극

우리는 디지털로 혼란해진 세계를 위해 연결 계획을 효과적으로 다시 세웠다. 영화 〈꿈의 구장(Field of Dreams)〉에서 '그것을 지으면 그들이 올 것이다'는 약속은 독특하게도 새로운 종류의 연결 계획에 스토리를 적용할 때 활기를 띠게 된다.

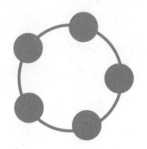

경험 공간

　이 단계에서 여러분은 사업 목표를 실행하기 위해 경험 공간(여러분의 캔버스)을 조사하고, 그 공간의 우선순위를 정하며, 그 공간에 꼬리표를 달았다. 여기서는 여러분의 조직화 아이디어가 효력을 발휘한다. 여러분이 식별해낸 모든 접점들을 여러분 개요의 중심으로 삼자. 예컨대 여러분이 코카콜라 회사이고, 여러분의 조직화 아이디어가 '행복을 열어요'라는 광고이며, 핵심 접점들 가운데 하나가 자동판매기라면 여러분이나 여러분의 팀은 어떤 원대한 아이디어들을 창출할 수 있을까? 이제 여러분은 조직화 아이디어의 교차점과 가치, 조직화 아이디어가 어떻게 스토리 시스템과 만나는지 알 수 있다.

접점의 역할(목적지, 도심지 등)을 이해하면 소비자와 연결되고 관여적이며 참여적이며 연관성 있는 아이디어들을 보다 더 잘 창출할 수 있다. 또한 단순한 아이디어의 연장선이나 더 나쁘게는 끼워 맞추기 식의 아이디어 적용이 아니라 스토리 시스템에서 아이디어들이 어떤 역할을 하는지 생각해보는 새로운 능력을 발견하게 될 것이다.

이 접근법 덕분에 각각의 접점에서 놀라운 경험을 얻을 수 있다는 사실에 감사할 것이다. 왜 그럴까? 여러분은 소비자들과 연결해주는 조직화 아이디어를 이미 정의했기 때문이며, 아이디어를 채널에 집중시키지 않았기 때문이다. 그 대신 채널을 새로운 기회로 바라본다. 여러분은 스토리와 브랜드, 경험에서 서로 연결된 각기 다른 경험들로 끝을 맺게 될 것이다. 와! 이제 스토리스케이프처럼 들리기 시작하는 것 같다.

5. 최적화

종교인이든 아니든 상관없이 누구에게나 킹 제임스^{King James} 성경은 스토리 시스템의 훌륭한 사례가 된다. 성경은 그 크기와 책의 형태에 따라서 짧게는 800쪽, 길게는 1,800쪽에 이른다. 성경을 집어 들어서 1쪽부터 1,800쪽까지 순서대로 읽어나가는 사람은 거의 없다. 주된 이유는 성경의 구조 때문이다. 성경은 하나의 스토리이자 일련의 스토리들이다. 다시 말하자면 스토리 시스템이다. 성경으로 전달되는 스토리에 관해서는 그 조직화 아이디어를 '시작, 중간, 끝이 있는 여러분의 개인적 관계'

와 같은 것이라고 묘사할 수 있다. 이것은 종교인이 아닌 입장에서 내린 결론이라 다소 막연하게 들릴 수 있다. 하지만 우리가 말하고자 하는 요점을 분명하게 전해준다고 확신한다. 성경은 말 그대로 아무 데나 펼쳐도 큰 스토리 안에서 부차적인 스토리를 발견할 수 있다. 그러한 부차적인 스토리는 자체 줄거리와 등장인물들, 배경, 이야기 관점을 지니고 있다. 각각의 스토리에는 교훈이 들어 있고, 가장 두드러지는 사실은 그 각각의 부차적 스토리들이나 '경험들'이 조직화 아이디어에 도움이 된다는 것이다.

스토리스케이핑과 360도 마케팅의 차이를 이해하는 것은 매우 중요하다. 360도 마케팅은 모든 각도에서 똑같거나 '구색 맞추기식' 메시지를 소비자들에게 효과적으로 들이댄다. 한편 성경과 같은 스토리 시스템에서 모든 스토리는 같은 줄거리를 가지고 되풀이되는 이야기가 아니다. 모든 스토리가 독자적인 스토리이며, 더 큰 스토리에 이바지한다.

행동을 위해 스토리와 시스템을 연결하라

마지막 단계는 여러분이 전해주는 스토리, 여러분이 만들어낸 콘텐츠, 소비자가 겪은 경험, 소비자의 브랜드 참여를 통합하는 것이다. 아이디어와 스토리, 최적화된 스토리 시스템을 갖고 있으면 채널과 접점의 연결 지점들을 좀 더 효과적으로 고려할 수 있다. 이것은 스토리에 쉼표를 넣어서 스토리가 절대 끝나지 않고 또 다른 스토리와의 연결을 자극하고 촉진하는 과정이라고 볼 수 있다. 스토리스케이프 정의에서 '…… 각각의 연결이 또 다른 연결과의 참여를 자극하고……'라는 중요한 부분을 명심하기 바란다. 이제는 그 필수적인 측면을 촉진하고 자극해야 할 때다. 소비자는 스토리와 상호작용하는 방식을 통제하고 있다. 이것이 기본이며 변하지 않는다. 이 여행을 장려하고 할 수 있는 곳에서 할 수 있도록 만드는 것이 마케터의 일이다.

먼저 각각의 아이디어와 접점을 살펴보고, 그것이 메시지나 시스템에서, 혹은 둘 다에서 어떻게 서로 연결될 수 있는지 조사한다. 가장 기본적으로 그러한 아이디어와 접점은 '우리 웹사이트를 방문하세요'처럼 행동을 촉구하는 것이 될 수 있다. 혹은 에픽믹스 스토리에서 여러분의 개인 프로필과 사진들을 연결해주는 REID 칩처럼 기술을 이용해서 찾아내는 해결 방안이 될 수도 있다. 이 두 사례 중 언제나 후자에 훨씬 가까워지게 '쉼표'를 찾아야 한다.

그러고 나서 보다 더 깊이 파고들어 이런 질문을 던질 수 있다. "소비자들이 스토리에 더 많이 참여하는 동기는 무엇인가?" 소비자 통찰력으로 돌아가서 소비자 통찰력이 그러한 연결을 창조하고 가능하게 하는 데 있어서 어떤 역할을 담당하는지 살펴보자. 연결의 원칙과 동기에 관해서 생각하기 시작한다면 스토리 시스템을 완성하기 위해서 선을 그리고 점을 연결해나갈 수 있다. 이러한 연결은 완벽한 스토리스케이프, 서로 연결되고 브랜드 스토리가 소비자 스토리의 일부가 되는 몰입 경험의 세계를 만들어낼 것이다.

협력 시스템을 위한 시스템 팀

시스템 사고를 위한 일련의 과정에서 주의해야 할 점 두 가지를 간단하게 살펴보자. 첫째, 시스템 사고를 위한 단계는 여러 분야의 협력 팀을 구축하는 데 도움이 된다. 이에 관해서는 마지막 12장에서 자세히 설명하겠다. 둘째, 테스트하고 배운다. 여러분의 접근법과 스토리 시스템을 역동적으로 만들자. 융통성 있게 만들고 변화에 대비하자. 행동 촉구나 디지털 광고의 랜딩페이지(landing page: 검색 광고나 유료 광고를 클릭했을 때 처음 접하게 되는 웹페이지의 첫 화면-옮긴이)로 할 수 있는 것처럼 실적 변화에 적응할 수 있어야 한다. 디지털 환경에서 '테스트하고 배우는' 일은 상당히 흔하다. 그러므로 그 가치를 극대화하고 거기서 멈추지 않아야 한다. 각각의 모든 지점에서 스토리 시스템을 최적화할 수 있는 방법을 생각해보자.

종합하기

이제 몰입할 수 있는 스토리스케이프를 창조하는 방법에 관한 기본적인 개념들과 도구들을 모두 얻었다. 여러분은 여기까지 이 책을 읽고 우리 지시를 따르며 실제 사례들을 살펴보면서 그 실태를 인정할 뿐더러 시스템 사고로 조직화하고 스토리를 통해 시스템 사고를 이해함으로써 그 힘을 이용하는 법을 배웠다.

지금까지 설명한 것들은 기본이다. 다음 11장에서는 측정 계획을 세우는 법과 경험 수익의 가치를 매기는 법, 여러분의 세계를 이치에 닿고 적응력 있는 세계로 만들어주는 인에이블링 기술 플랫폼의 계획 방법을 알아보겠다.

11

이치에 닿고 적응력 있는
세계를 구성하라

기업가든 사장이든 마케터든 대행 회사든 상관없이 여러분 모두의 역할
은 인식을 구축하고 행동을 바꾸거나 그 둘 중 하나를 하는 것이다. 우리가
창조하는 세계는 궁극적으로 상업을 촉진시키는 것에 맞추어져야 한다.
그러자면 브랜드 선호를 창조하거나 간단하게 인식을 구축하고, 새로운
소비자의 구매를 이끌어내며, 제품과 서비스를 교차 판매하고, 고객 유
지에 전념해야 한다. 열광적인 소비자 지지도 당연히 장려해야 한다.

이치에 닿는 세계를 구축

소비자 세계, 즉 일상 경험의 세계는 인식, 태도, 기대, 믿음, 상호작용,

행동, 습관 등이 풍부한 생태계다. 기업은 그 풍부한 세계의 작지만 유용한 일면만 포착하고 기록하며 측정할 수 있었다. 그런데 그것이 바뀌고 있다. 이제는 스토리스케이핑을 통해 마케팅 노력을 역동적으로 활용할 수 있게끔 달라지고 있다. 여기서는 팔리는 세계의 다섯 가지 관점들, 자세히 말하자면 도구화된 생태계, 적응력 있는 세계, 브랜드 반응, 마케팅 믹스 최적화, 스토리스케이프 수익을 살펴보겠다.

그러기 위해서 조사 데이터와 판매정보관리시스템(POS), 구매 이력, 인구통계, 아주 한정된 사이코그래픽스(psychographics: 수요 조사를 목적으로 소비자의 행동, 가치관 등을 심리적으로 측정하는 기법—옮긴이)를 이용했다. 이제는 그 범위를 넓혀서 물리적 환경과 디지털 환경의 광범위한 소비자 접점에서 수렴되는 새로운 데이터 소스와 메트릭스[metrics]를 이용하고 있다. 그리하여 사람들 주변에서 잘 벌어지는 일들뿐만 아니라 장소와 사물까지도 측정할 수 있다. 이제는 실행 가능한 '실시간' 라이브 실험실과 실제 세계의 작업 공간을 제공하기 위해 실제 세계의 웹스타일 분석에 대한 접근법을 바꿔나가고 있다.

오늘날에는 소비자들이 사물과 장소와 상호작용하고 그것을 경험함으로써 생겨나는 새롭고 전략적으로 중요한 독점적 데이터 소스를 창조해서 우리가 배우는 것이 훨씬 많아졌다. 8장에서 설명했듯이 이제는 감지기 및 다른 도구를 이용해서 실제 세계의 정보를 수집하고 처리해 현시기 소비자 행동에 관한 대부분의 지식을 얻는다. 이것은 소셜 리스닝을 포함하는 양적 데이터 소스와 질적 데이터 소스에 추가되는 것이다.

이러한 조사의 결합은 훨씬 더 전체적인 그림을 제시해준다. 우리는 상시 접속 상태, 행동의 역학 모델, 상호작용, 환경, 시장을 구축할 수 있다. 이 모든 것들을 이해하기 위한 분석 도구로 이루어진 생태계와 연결되어 있다.

도구화된 생태계 구축

요즘에는 감지기를 일상생활 환경이나 도구화된 생태계에 장기간 배치할 수 있다. 그렇게 하면 장기적인 개발, 제품, 서비스, 소통의 평가를 위해 연결된 독점적 커뮤니티를 만드는 방법을 알 수 있다. 복잡하게 들리는가? 행동의 바깥층과 앞서 묘사한 정신 상태를 관찰해보라. 그러한 데이터 포인트들은 도구화된 참가자들이 소속된 공동체에서 쉽게 얻을 수 있었다. 소비자들이 하루를 어떻게 지내는지 그에 관해 직접 얻은 정보를 갖고 있다면 어떨까? 더 나은 경험과 더 긴밀한 소통 혹은 보다 더 유용한 제품과 훨씬 더 효과적인 스토리스케이프를 갖는 데 도움이 될까? 우리는 그럴 수 있고, 그렇게 될 것이라고 믿는다.

적응력 있는 세계 구축

적응력 있는 세계라는 개념에는 두 가지 측면이 있다. 첫째는 '좀 더 많은 사람들이 구매하게 만드는 것'처럼 행동을 보다 더 효과적으로 이끌어내는 일련의 적응력 있는 경험들이다. 둘째는 좀 더 인상 깊은 경험을 만드는 일련의 적응력 있는 경험들이다. 스토리스케이핑에서는 이 두 가지를 효과적으로 사용해야 하며, 간혹 이것들은 서로 조화를 이루지 못할 때가 있다.

웹디자이너들에게 이러한 충돌을 어떻게 생각해야 하는지를 가르칠 때 이용하는 간단한 스토리와 사례를 소개해보자. 먼저 질문을 던진다. 월트 디즈니가 디즈니랜드를 개장한 직후 관리원에게 다가가 질문을 던진 스토리를 들어본 적이 있는가? 그때 그는 이렇게 물었다. "이번 주 내내 당신이 여기 나와 있는 걸 봤습니다. 왜 이 꽃들을 계속 새로 심는 겁니까?" 그러자 관리원은 이렇게 대답했다. "손님들이 계속 이 화단에 올라와서요. 여기를 지름길로 삼아서 구내매점으로 가거든요. 하지만 걱정 마세요. 이 주위에 하얀색 말뚝 울타리를 칠 겁니다." 월트 디즈니는 이렇게 대답했다. "울타리를 잊어버리고 여기에 길을 만들어요." 실제로 이런 일이 일어났는지 알 수는 없지만 이것은 사용자 중심 사고를 보여주는 훌륭한 사례다. 여기서 도전거리는 이런 사고방식이 행동을 '바꾸거나 조작하는 것'과 반대로 '자연스러운 행동을 가능하게 하는 것'이라는 점이다. 사람들이 하려고 계획해놓은 것을 하고 그 경험에 대해 기분 좋게 느끼도록 만드는 일은 훨씬 어려운 것 같다.

앞서 소개한 것은 스토리였고, 뜻하지 않은 난관들을 설명하기 위해 사용한 실제 사례가 따로 있다. 온라인 신용카드 애플리케이션을 살펴보겠다. 여러분의 직원이 웹디자이너와 정보 설계사, 사용자 경험 디자이너 100명이라고 해보자. 그들 중 90퍼센트는 질문이 가장 적은 원 스텝, 원 페이지 애플리케이션이 '최상의 경험'을 제공한다고 말할 것이다. 100명의 소비자들에게 똑같이 물어보면 그들도 그렇다고 할 것이다. 하지만 사실은 다른 이야기를 한다. 실적에 관한 사실에 따르면 쓰리 스텝 애플리케이션이 가장 적합하며, 심지어는 파이프 스텝 애플리케이션이 훨씬 더 많은 가망 고객들을 처음부터 끝까지 바꾸어놓고, 결국에는 가망 고객들의 계정을 만든다. 이에 관한 행동 통찰력은 사회보장번호를 물어보는 것은 '거래를 깨는' 질문이라는 것이다. 사람들이 초조해지고 그 과정을 그만두기 때문이다. 그렇지만 진행 바에 따르면, 사람들은 3단계 중 최고 단계에 있고, '투자된' 상태이며, 그렇기 때문에 '전송' 버튼을 누를 확률이 훨씬 높다. 이 말은 신규 고객들이 더 많이 생긴다는 뜻이다. 노련한 웹디자이너들이 그 연결을 실적 기반 마케팅과 결부시키도록 하는 게 어렵다면 그 난관이 여러분의 조직에도 있을 수 있는지 자문해보라. 여러분의 디지털 자산을 운영하는 팀이 '유용성'이나 판매에 집중하고 있는가?

둘째 측면은 창의성, 제안, 배치, 시간 등을 다변량 테스트를 실행할 수 있다는 것이다. 행동 기반 맞춤형^{behavioral targeting}과 일일 방송 시간 구분^{day parting}, 의인화는 '조사'와 '디지털 디스플레이' 마케팅으로 분류되어서는 안 된다. 콘텐츠를 평가하고 움직이며, 서비스를 제공하고 후원하는 물리적 세계, 가상 세계, 기술들은 모두 연결되어 있다. 쇼핑몰에 있는 다양한 매장의 진열창을 상상해보자. 그 각각의 진열창들이 어떻게 판매를 불러일으키는지 평가하고 최적화할 수 없는 이유는 뭘까? 디지털 디스플레이는 필수적인 것이 아니다. 과거에 존재했던 오래된 포스터와 마네킹은 지금도 효과적이다. 카메라 몇 대와 값싼 소프트웨어로 많은 사람들이 각각의 매장 앞을 지나가는 모습(인상) 을 추적할 수 있었고, 그들의 성별을 익명으로 조사하고 그들의 대략적인 나이를 추정할 수 있었다. 그들이 혼자 왔는지, 아니면 여러 명이 함께 왔는지도 관찰할 수 있었다. 그들이 진열창 앞에 멈춰서 머뭇거리는(참여) 것도 쉽게 조사할 수 있었다. 심지어 그들이 제품을 구매했는지도 확인할 수 있었고, 매출 평균도 계산할 수 있었다. 이 모든 것이 가능하다. 디지털 디스플레이를 갖고 있었다면 콘텐츠를 디지털 디스플레이로 홍보하는 것도 가능했다. 그 가능성을 상상해보라! 제품 목록을 홍보하기 위해 진열창을 바꿀 수도 있었다. 창의성을 테스트할 수도 있었고, 매출 평균에 맞게 최적화할 수도 있었다. 누군가가 멈춰 서서 디스플레이를 바라본다면 더 많은 콘

소통을 비즈니스와 연결하는 세계

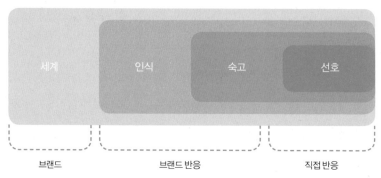

텐츠를 제공해서 머무는 경험을 향상시킬 수 있다. 여러분의 사업을 성장시키기 위한 이와 같은 기회들이 저 바깥 세상에 얼마나 많이 있는가?

과학 기술자들을 창의성이 불러낼 수 있는 것을 측정하거나 가능하게 해주는 플랫폼을 구축하는 사람들로 깎아내리면 안 된다. 이들은 무엇이 가능한지를 상상하는 창의성 팀의 일부가 되어야 한다. 데이터를 수집하는 일과 별개로, 실시간 데이터를 실행 가능한 통찰력으로 이용하는 동시에 흔히 기술을 통해 수익을 최적화하고 경험을 향상시킬 방아쇠로 삼는 것이야말로 스토리스케이핑이 하는 일이다.

브랜드 반응의 세계

여러분은 '브랜드 중심' 마케터인가, 아니면 '반응 중심' 마케터인가? 우리는 크고 작은, 기존 또는 신규 고객들이 한쪽이나 다른 쪽으로 기우는 것을 오랜 세월동안 지켜보았다. 하지만 그러한 경계를 허물고 양쪽을 모두 연결하는 마케터는 좀처럼 보지 못했다. 이런 식의 연결된 사고는 최고의 마케터를 낳는다. 브랜드 중심 아니면 반응 중심 중에 어느 쪽 마케터냐는 질문을 받으면 대부분의 사람들이 즉각적으로 양쪽을 모두 수용하는 선택받은 소수 중의 한 사람이라고 말한다. 하지만 우리는 언제나 그 대답에 반박한다. 브랜드와 직접 마케팅direct marketing의 차이를 이해하고 평가하는 것은 그 둘 사이의 상호 의존을 이해하는 것과는 완전히 다르다. 왼손잡이 또는 오른손잡이가 되는 것과 같다. 사람들은 둘 중 하나를 좋아한다. 새로운 스토리스케이핑 세계에서는 진정한 기회가 이런 연결에 존재한다. 오늘날에는 누군가가 제품을 인식할 수 있고, 더 깊이 조사해서 스마트폰으로 그 제품을 구매할 수 있다. 이 모든 일이 몇 분 안에 이루어진다. 단순한 브랜드 마케팅과 직접 반응^{direct response} 그 이상이 존재한다. 그 중간에는 뭔가 근사한 감상적인 것이 있다. 그것이 바로 브랜드 반응이다.

브랜드 마케팅 사고와 직접 반응 사고의 경계를 허무는 것은 시작에 불과하다. 추가적으로 수요 창출과 수요 수확, 수요 만족은 명백한 관계를 맺고 확실한 균형을 이루어야 한다. 스토리스케이핑을 할 때는 수많은 경계를 무너뜨려야 한다.

많은 협력과 채널 간의 교류, 부문 간 연결이 이루어져야 한다. 아주

소통
더 이상 텔레비전의 지배를 받지 않는 세상에서 브랜드 스토리를 소비자에게 어떻게 전달할까?

경험
의미 있고 차별화된 경험을 구축하기 위해 디지털 채널을 어떻게 이용할까? 여기서 어떻게 혁신할까?

분석
지속적으로 높은 수익을 올리려면 어떻게 해야 마케팅 투자를 가장 잘 평가하고 분석하며 최적화할 수 있을까?

기술
새로운 세계에 대한 기술 준비 정도는 어떠한가? 어떻게 발전하나? 어떤 측면이 가장 큰 영향을 발휘할까?

많은 기업들이 이미 점증적으로 연결되는 원대한 전략적 질문과 맞닥뜨려 이에 대한 답을 내놓아야 하기 때문에 그러한 경계들을 적극적으로 흐릿하게 만들어야 한다.

우리는 연결로 창조된 가치가 핵심 능력을 무색하게 만들 수 있는 지점에 다다랐다. 이 문제를 좀 더 깊이 생각해보자. 경험의 역할을 이해하지 않고, 분석에서 비롯된 통찰력을 활용하지 않고, 기술의 힘을 이용하지 않고 훌륭한 소통이 가능할까? 스토리의 힘을 이용하지 않거나 인에이블링 기술을 완벽하게 통달하지 않고서 훌륭한 몰입 경험을 창조할 수 있을까? 소비자들은 물리적 공간과 가상 공간, 감성적 상태를 물 흐르듯이 옮겨 다닌다. 그러므로 여러분도 그렇게 해야 한다. 그러자면 새로운 기술들이 필요하다.

미디어 믹스 모델링 vs. 마케팅 믹스 최적화

10장에서는 여러분의 기업 목적에 따라 접점들을 조사하고 접점들의 우선순위를 정하는 것의 필요성을 논의했다. 우리는 미디어 근시안을 피하고, 그 대신 보다 더 넓은 조리개로 작업해야 할 필요성을 밝혀냈다. 수단을 가지고 있고 향상된 모델링 기술을 이용 가능할 때도 그렇다. 미디어 믹스$^{media\ mix}$에 너무 집중하지 말고 마케팅 믹스$^{marketing\ mix}$로 나아가야 한다. 스윔레인$^{swim\ lane}$ 분석을 필요로 하듯이 미디어 믹스를 위한 과거의 해결책들에 직면해야 하는 실질적인 문제들이 있다. 이 길을 따라 간다면 매체 간 효과를 얻기 위해 끊임없이 고전하고, 오프라인과 온라인을 결합하는 법을 알아내지 못할 것이다. 비교 가능한 일관된 메트릭스가 없다면 시장에 대한 총체적인 견해를 얻지 못하고, 통찰력 창출은 답보 상태를 면치 못할 것이다.

마케팅 믹스 모델링이 발전하면 특정 질문들에 대답이 가능하다. 소셜 마케팅과 비전통적 마케팅이 어떻게 다른 채널들을 확장시키는가? 채널과 이니셔티브initiative 포트폴리오 전반에 영향을 미치는 마케팅 효율성이란 무엇인가? 비전통적 마케팅에서 나오는 투자 수익률이나 가치 수익률이란 무엇인가? 이러한 정보들은 실제로 채널들 전역에서 모델화되기 때문에 성과에 대한 총체적인 견해를 제시해준다. 판매에 직접 미치는 영향력과 더불어서 경험 공간 전체의 내부연결성interconnectivity을 평가할 수도 있다. 여기에는 디지털 미디어 내부와 모든 미디어 채널 전체에서 구매하고 소유하고 얻은 것이 포함된다. 이러한 영향들을 명확하게 보고 이해하고 비교할 수 있다면 채널 하나가 없어질 때 다른 모든 채널들이 받는 영향을 과소평가하는 일이 다시는 없을 것이다. 결과적으로는 훨씬 효과적이고 효율적인 의사결정을 할 수 있다.

스토리스케이프 수익률 측정

이 책에서는 공유 스토리뿐만 아니라 디지털 혁명이 정보화 시대를 이끌어갔다는 견해를 제시했다. 이와 더불어서 사람들이 일상적인 삶을 경험하는 방식도 크게 달라졌다. 이러한 변화와 그 각각의 결과들은 조금도 약해지지 않는다. 스마트폰과 태블릿, 소셜 미디어, 그 밖에 상상할 수 있는 거의 모든 것, 즉 컴퓨터 사용 및 소통 도구들을 제공하는 전자 기술과 디지털 기술이 끊임없이 확장되고 있기 때문이다. 이것들은 모두 완전히 새로운 형태의 상호작용과 활동, 기대를 가진 사람들의 능력에 계속 기여하고 있다.

디지털 혁명으로, 마케팅 업계와 기업 마케팅 분야에 종사하는 사람들은 브랜드와 소비자의 연결 방식, 가장 중요하게는 그 방식을 평가하고 그 가치를 매기는 방법에 관한 근본적인 가설과 모델을 재검토해야 한다. 기업이 일방적으로 자사의 브랜드를 통제하고, 소비자는 잘 짜인 기업 메시지를 그냥 받아들이기만 한다는 오래된 가설은 더 이상 유효하지 않다. 극히 높은 기대를 품고 있는 소비자들에게로 통제의 균형이 기울었다. 그렇기 때문에 소비자들의 기대와 경험을 형성하는 훨씬 세련된 방법이 필요하고 더 중요하게는 그렇게 하는 그들의 노력을 평가하는

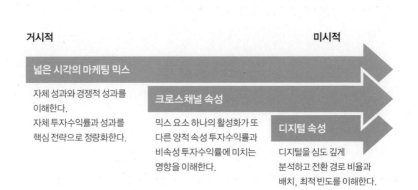

거시적   미시적

넓은 시각의 마케팅 믹스
자체 성과와 경쟁적 성과를 이해한다.
자체 투자수익률과 성과를 핵심 전략으로 정량화한다.

크로스채널 속성
믹스 요소 하나의 활성화가 또 다른 양적 속성 투자수익률과 비속성 투자수익률에 미치는 영향을 이해한다.

디지털 속성
디지털을 심도 깊게 분석하고 전환 경로 비율과 배치, 최적 빈도를 이해한다.

더 나은 방법이 필요해진다.

결론적으로 말해서 우리는 전통적인 밀어내기$^{push-driven}$식 브랜드 중심 세계관에서 브랜드와 소비자가 공동 소유하는 연결된 경험을 위한 경험과 참여 경제로 나아가고 있다. 그러므로 투자 가치를 측정하는 방법을 다시 생각해봐야 한다.

기술(미디어와 채널)의 역할과 마케팅 업무에서 기술이 힘을 키워온 방법에 관한 논쟁도 현재 이목을 끌며 일어나고 있다. 어떤 사람들은 마케팅 관련 기술들(텔레비전과 라디오, 혹은 다른 대중매체/채널)이 제품과 브랜드의 모든 형태와 크기를 포함해서 오늘날 마케팅 운영 방식에 영향을 끼쳤다고 주장한다. 기업-소비자 연결의 구성 요소들(브랜드, 제품, 메시지, 기업, 미디어, 수신자, 관객 등)이 어떻게 서로 관련되는지 결론을 내리는 관행이 수십 년 동안 계속되었다. 대중매체와 대중 채널을 통해 광고를 출시하는 것이 업무의 기본 방식이 되었다. 이 기본 모델은 발신자, 채널, 수신자라는 개념으로 특징지을 수 있고, 총체적으로는 소비자들에게 메시지를 밀어 넣는 과정이 될 수 있다. 이 모델에서 소비자는 제품이나 브랜드 스토리의 단순한 '수신자'가 된다. 뿐만 아니라 회상과 인상, 브랜드 인지도^{mindshare}로 꿰뚫어보고 평가해야 하는 '지켜보는 눈'과 '대상', '관객'의 사례가 된다. 스토리가 생생하고 기발하며 오랫동안 지속되거나 다시 전해질 경우에는 이 방법이 효과적이다. 다시 말해서 브랜드가 점점 더 강해지고 회사가 신규 고객을 늘려갈 때 그렇다.

경험 공간에서 소비자와 브랜드 연결을 보다 더 깊이 조사하면서 이 역사적 접근법의 두 가지 한계가 뚜렷하게 드러났다. 첫 번째는 미디어 자체의 한계다. 역사적으로 밀어내기 이후에 실제로 어떤 일이 벌어지고 있는지 그다지 잘 이해하지 못했다. 기업들이 소비자 스토리에 관해서 피상적인 지식만 지닌 채 출시하고 떠나버리는 그런 세계였다. 어떤 의미에서는 그 이상을 알 필요도 없었다. 미약한 현장 보고는 다음과 같은 기본적인 질문들에 대답함으로써 보충할 수 있었기 때문이다. 얼마나 많은 소비자들의 브랜드 인식이 증가했는가? 얼마나 많은 가망 고객들이 소비자가 되었는가?

설령 기업들이 밀어내기 이후에 어떤 일이 일어나는지 더 알고 싶어 한다고 해도 미디어의 성격상 한계에 부딪혀서 그 이상 알 수가 없었다.

푸시(push)와 풀(pull)을 넘어서다

여러분의 스토리   그들의 스토리

기업과 소비자가 대칭적으로 소유하는 것

방법	평가와 측정	목표
참여 플랫폼 + 조직화 아이디어	사람들, 장소, 사물의 경험들,	소비자들과 연결되는 것
스토리 조력자이자	즉 상호작용과 인식	연관성과 의미를 가지는 것
확장자로서의 기업		
기업이 경험 조건을 창조한다.		
지속적이고, 바이럴 상태,		
상시 접속		

정적인 미디어와 채널들로 만연한 밀어내기 세상에서 무엇을 알 수 있을까? 새로운 방식들, 즉 사회적으로나 디지털로 연결되는 상시 접속 소비자들이 생겨나면서 기업은 소비자들과 전보다 더 깊이 연결되는 새로운 방법들을 개발해야 한다.

두 번째 한계는 사람들이 단순하고 수동적인 메시지 수신자라는 암묵적인 가설이다. 그런 사람은 없다. 사람들은 브랜드와 제품, 서비스를 많이 경험하는 자발적인 참여자들이다. 사람들은 기업이 생산하고 판매하는 제품들을 사용하고 나서 그 제품들이 어떠한지 스토리를 서로 나눈다. 그렇게 스토리를 전하면서 다른 아이디어들을 얻고, 새로운 할 일을 찾아내며, 존재하는 새로운 방식을 알아낸다. 뿐만 아니라 언제나 그러한 스토리들을 새롭게 만들고, 보다 더 매력적이고 더 나은 것으로 만들려고 노력한다. 그렇기 때문에 소비자들, 그들의 기준 틀, 언어를 이해해야 한다.

측정 모델

상업과 마케팅의 새로운 현실을 보여주는 측정 모델이 있다. 이 모델은 아직 효력을 발휘하는 오래된 모델을 기반으로 삼고, 거기에다 경험의 가치를 고려하고 최적화하며 측정하는 새로운 방식을 더해서 만든 것이었다. 다시 말해서 스토리스케이프를 구축하는 전반적인 투자수익률을 반영한 것이었다.

스토리스케이핑을 통해 브랜드와 소비자를 연결하는 방법들이 변하면서 그러한 연결들을 도구화하고 측정하며 그 모델을 만드는 새롭고 더 나은 방법들이 필요해졌다. 이 방법들을 알아내면 사람들의 실제 경험을 보다 더 정확하게 그려볼 수 있다.

이 모델은 기업이 연결된 경험으로 어떻게 가치를 창출하는지, 그 가치가 어떻게 개별적인 기회로 이어지고 평가되는지를 보여준다.

1. 스토리텔링과 경험 이니셔티브 수익률을 평가한 총 수치

2. 채널 효과를 보다 더 자세하고 정확하게 보여주는 차세대 마케팅

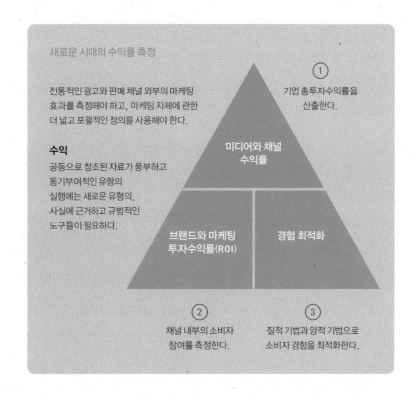

믹스와 크로스 미디어(cross media: 하나의 콘텐츠를 온라인 오프라인 등 다양한 매체와 연관시켜 일관되게 내보내는 광고 기법—옮긴이) 분석

3. 통찰력을 발휘할 수 있는 차원에서 새로운 형태의 소비자 행동 데이터를 제공하는 감지기 기술 같은 새로운 측정 도구와 새로운 기준 틀을 가지고 경험을 보다 더 정확하게 평가하는 경험 측정 틀.

브랜드와 마케팅 투자수익률

먼저 브랜드와 마케팅 투자수익률(ROI)을 살펴보겠다. 이것은 수익률과 효율성을 총체적으로 평가할 때 사용하는 다양한 기업 분석법이다. 또한 ROI 분석과 시장점유율, 비용/이익, 혹은 균형성과표[balanced scorecard]와 같은 고전적인 측정법들이기도 하다.

나이키[Nike]의 수치는 아주 놀랍다. 과거 3년 동안 나이키의 인쇄물과 광고 비용이 40퍼센트 감소한 반면 연간 총 마케팅 예산은 24억 달러로 증가했다(2012년 2월 12일, 『CNN 머니(CNN Money)』). 나이키의 자금이 어디로 흘러들어가고 있는가? 소비자들이 제품과 디지털 환경, 앱, 웹사이트를 경험할 수 있는 생태계를 구축하는 데 들어간다. 나이키의 디지털 스포츠 부서 부사장 스테판 올랜더[Stefan Olander]는 지출의 변화를 이렇게 설명한다. "일주일에 여러 차례 여러분의 브랜드와 다시 연결되는 수백만 명의 사람들이 있다면 그 연결이 전통적인 방식으로 밀어 넣는 마케팅 메시지보다 훨씬 소중하고 강력하다는 사실을 깨닫게 된다." 올랜더

는 나이키 경험의 가치에 대해 이야기했다. 소비자가 일주일에 여러 차례 여러분의 브랜드에 관여할 수 있게 된다면 그 효과는 그 어떤 전통적인 마케팅 캠페인 효과보다 나을 것이다.

우리의 모델을 이용하면 더 큰 그림을 볼 수 있다. 나이키는 미디어 지출 비용으로 충분한 수익을 얻지 못하고 있었다. 그래서 경험에 더 많은 투자를 하기 시작했다. 경험수익률(RoX)이 상승하면서 결과적으로 투자수익률이 극대화되었다.

올랜더는 또한 이렇게 말했다. "나이키가 기록했던 최대 관객 수는 2억 명이 슈퍼볼Super Bowl경기를 시청하고 있을 때였다. 이제는 나이키의 모든 사이트와 소셜 미디어 소통을 통틀어서 늘 그 수치에 도달할 수 있다."

미디어와 채널 수익률

우리 모델의 두 번째 요소는 미디어와 채널 수익률을 다룬다. 최근에 발전한 미디어 믹스 분야에서는 마케팅의 크로스 미디어 효과를 정량화하는 세련된 차세대 알고리즘(수학적 모델)을 사용한다.

전통적으로 미디어 믹스 모델링은 특정 채널이 판매에 직접적으로 미치는 효과를 측정한다. 하지만 경험과 미디어의 연결 방식을 이해할 수 있다고 생각하면 이 시나리오에 새로운 시대의 사고방식을 적용하면서 전통적 사고방식의 결점이 드러난다. 평범한 하루 동안 다양한 미디어와 채널 전역에서 수백 개의 접점들이 생겨난다. 하지만 그중 어느 것도 다채널 경험을 갖고 있다고 생각하는 사람들한테서 생겨나지 않는다. 사람들은 그저 하루를 보내면서 그들의 스토리를 이어나갈 뿐이다.

채널 전체를 효과적으로 최적화하고, 사람들의 실제 생활 방식과 일치하는 새로운 미디어 측정 모델이 필요하다. 사피언트니트로 기업인 (m)PHASIZE의 마케팅 믹스 모델링 도구 같은 능력들을 이용하면 순수 맞춤형 분석 도구와 서비스를 되살릴 수 있다. 마케팅 중역들은 그것들의 도움을 받아 매일 움직이고 반응하는 사람들의 방식을 토대로 예산을 최적으로 배분하고 최적의 계획을 세운다. 혁신적인 예측 모델을 이용하면 대상 소비자들이 각기 다른 변인에 반응하는 방식을 자극하는 가상 시나리오를 실행할 수 있다. 뿐만 아니라 브랜드와 카테고리 차원에서 전통적인 미디어(라디오, 출판물, 텔레비전)와 디지털(검색, 디스플레이, 소셜, 모바일)의 상호작용을 고려하는 동시에 채널 간 영향력을 정량화하는 능력을 얻는다. 이런 포괄적인 접근법을 사용하면 고객들이 오늘날의 역동적인 상시 접속 시장에서 투자수익률을 점차 높여나가기 위해 마케팅 투자를 지속적으로 측정하고 조정할 수 있다.

경험 최적화

향상된 미디어 분석법 덕분에 소비자의 미디어와 채널 참여를 보다 더 깊이 파헤칠 수 있다. 하지만 채널 또는 미디어 내부의 행동에 관한 통찰력은 아직도 얻지 못한다. 평범하기 짝이 없는 경험을 하는 곳으로 사람들을 끌어들이기 위해 미디어와 채널 예산을 최적화하는 것은 노력의 낭비이자 기회를 놓치는 것이다.

그러므로 경험을 측정하는 능력을 확대하고, 경험을 구축하는 방법을 최적화해야 한다. 다시 한 번 소개하는데, 나이키의 스테판 올랜더는 타인을 이해한다는 것의 가치를 설명해주는 훌륭한 사례를 제시했다. "우리는 기술이나 잠재적 이익에서 출발하지 않는다. 우리는 언제나 운동선수에서 출발한다. 그렇게 할 때 다른 사람들도 따라오기 때문에 그것이 중요한 차이라고 생각한다."

경험을 평가하는 현재의 수단들은 사람들이 행동하고, 타인과 연결되며, 자신들의 세계를 감지하고 이해하는 방식의 범위와 미묘한 차이를 그대로 반영하지 않는다. 초보자에게는 더 나은 데이터 소스와 그것을 얻어낼 방식이 필요하다. 빅 데이터 시대에는 투입 요소들이 엄청나게 많지만 데이터의 양만으로는 스토리를 풀어놓지 못한다. 사람들의 (많은 소스가 있는) 행동 방식에 관한 자료뿐 아니라 사람들이 사용하는 물건과 사람들이 오랜 세월동안 거주하는 환경에서 수집한 보완적이고 포괄적인 데이터가 필요하다.

앞서 8장에서 논의하고 설명했듯이 집과 사무실, 소매점, 시민 기반 시설, 심지어 자연환경에 이르기까지 일상적인 소비자 제품들은 모두 소통 능력을 갖추고 있다. 감지기를 이용하는 기술 덕분에 그와 같은 제품은 대량의 실시간 데이터를 이제껏 본 적이 없을 정도로 상세하게 제공한다. 이러한 데이터들은 독자적으로 사용하거나 다른 양적 소스나

질적 소스와 결부시켜 사용할 수 있다. 그렇게 함으로써 새롭고 강력한 기업 정보를 전달해 이 새로운 정보 경로들을 실질적인 기업 가치로 바꿀 수 있다. 더 심도 있고 상세한 조사가 이루어지고, 세상과 사람들이 변하면서 그러한 조사도 달라진다. 낱알의 데이터가 발달한 분석 기법과 시각화 기법과 결합하면서 궁극적으로 소비자와 브랜드의 연결을 구축하는 데 쓰일 좀 더 낫고 빠르고 저렴한 데이터를 만들어낸다.

이 단계에서 경험의 측면들을 보다 더 정확하게 측정하기 위해서 새로운 경험 모델을 개발했다. 이 모델은 원래 케빈 린치Kevin Lynch가 《훌륭한 도시 형태(Good City Form)》에서 도시 계획을 위해 개발한 것이었다.

통제	원하거나 해야 하는 것을 완수할 만한 힘을 얻었다고 느끼는 정도. 스토리스케이프는 사용자의 목표 또는 과제를 얼마나 잘 지원하는가?
평가	경험이 얼마나 쉽게 타인과 연결되거나 공유될 수 있는가? 여러분이 얼마나 쉽게 스토리의 일부가 되거나 스토리에 영향을 끼칠 수 있는가?
적합성	적절한 순간에 적절한 콘텐츠와 기능성을 얻는 정도.
감지	의미 있고 감성적으로 연관된 스토리를 파악하는 정도. 그 경험이 얼마나 강한 인상이나 표현을 남기는가?
연속성	스토리 일관성. 하나의 상호작용이나 경험이 다른 하나를 구축하는 정도.

우리 팀이 그것을 브랜드 전략과 경험 디자인 분야에서 사용할 수 있게 수정했다. 특정 캠페인과 디자인, 상호작용, 혹은 환경이 경험 차원에서 그 임무를 얼마나 잘 수행하는지 평가할 때 사용하는 다섯 가지 경험 측면들이 있다. 통제와 평가, 적합성, 감지, 연속성이 그것이다.

이러한 경험 측면들은 디자인과 전략을 경험하기 위해 우리 접근법에서 사용하는 경험 평가의 핵심이 된다.

새로운 시대의 마케팅 수익률

어제의 마케팅과 브랜딩 노력 대부분과 오늘의 마케팅과 브랜딩 노력까지도 소비자들의 스토리와 공명하는 공감적인 메시지를 추구한다. 하지만 정적인 채널들을 통해 밀어낸 것들 중에서 최상의 것도 사람들이 기대하는 참여와 관여의 필요성을 충족시켜주지 못한다. '참여'는 제품과 메시지, 서비스, 환경에서부터 미디어와 채널, 결국에는 최상의 사업 결과에 이르기까지 사업 실행의 모든 측면에 걸쳐 외치고 낭독하고 되풀이해야 하는 주문이다.

소비자를 사람으로 보는 포괄적인 그림을 그리는 것이 관건이다. 사람을 상거래 제품으로 보는 낡은 관점에서는 극히 제한된 이해밖에 얻지 못하고, 전체 스토리의 일부만 볼 수 있다. 그러므로 정보 기술의 힘뿐만 아니라 그들의 스토리를 보다 더 깊이 살펴보기 위해서 생겨난 '데이터 한계점digital exhaust'의 힘을 이용해야 한다. 여기서는 그러한 현실을 파고들어 창의적 실행에 불을 지피고, 가장 효과적인 경험의 세계를 위해 시스템 사고의 역동적인 활용을 알리는 것이 목적이다.

이러한 다섯 가지 관점들에 통달하는 것은 쉬운 일이 아니다. 다양한 기술과 능력이 필요하다. 또한 이러한 필요성을 자극하는 특정한 정신과 문화, 달라진 관점, 연료 충전이 필요하다. 다시 말해 문화 충격이 필요하다.

12

스토리스케이핑을 이끌어낼
환경을 조성하라

이제 마지막 장에 이르렀다. 이 장이 가장 중요하다는 사실을 깨닫기 바란다. 이제 여러분은 훌륭한 이야기와 몰입 경험, 많은 시스템 사고들을 결합해서 여러분의 사업을 크게 성공시킬 수 있는 방법에 관해서 한결 향상된 관점으로 무장하고 있다. 이 지식을 갖고 마음을 열면 스토리스케이핑 정신 상태를 갖추고, 보다 더 현대적인 접근법을 이용해 여러분의 마케팅 문제를 다룰 수 있다. 막 사업을 시작한 사람이든 노련한 베테랑이라고 생각하는 사람이든 마음대로 사용할 수 있는 자원들과 상관없이 우리가 제시하는 이 철학과 간단한 모델의 도움을 받아 더 나은 결과를 얻을 수 있다. 이것은 아주 쉽다.

사람 기반 사업이 항상 그랬듯이 어려운 부분은 결국 사람 문제다. 그러므로 이제는 문화 충격을 일으켜야 할 때다. 지금부터 문화에 관한 몇 가지 것들과 다소 폭넓은 사고들을 살펴보겠다.

연결을 위한 협력

협력은 누구나 이해할만한 쉬운 개념이지만 조직에서 실제로 수행하기는 어려운 것이다. 소규모 조직들은 자만과 개인적 불안정에서 나오는 도전거리에 면역된 상태가 아니다. 그렇다. 여러분이 예상하는 것처럼 여러분의 기업은 점점 더 커지고 위계적으로 변하며, 실질적으로 협력하기가 더욱 어려워진다. 문화와 환경이 주된 이유다. 최후의 비밀 병기는 스토리스케이핑을 이끌어내는 문화와 환경을 그려내고 조성하며 육성하는 여러분의 능력에 숨어 있다.

기업의 성장을 돕는 기능적 문화가 발현되는 양태는 두 가지다. 나머지는 한계가 이득을 크게 초월한다는 점에서 역기능적이다. 기업 문화의 첫 번째 기능적 모델은 공유 가치, 공유 목표, 공유 관점에 의지하는 것이다. 이것은 협력 작업과 집중, 동료애가 막연하게 이득이 되는 '동일성'의 문화다. 두 번째 기능적 모델은 공유 목적에 크게 의지하고, 다양한 기술과 관점을 수용한다. 이것은 동일성에 관한 것이 아니다. 그 대신 존재 혹은 신념과 일치하는 것이다. 이 두 번째 모델은 스토리스케이핑을 효과적으로 이끌어내기 위해 필요하다.

이런 질문을 여러분 자신에게 던져보자. 여러분 또는 여러분이 사랑하는 누군가가 아플 때 그 문제를 진단하고 최상의 치료 방법을 찾기 위해 각기 다른 5개 과학 및 의학 분야의 의사들을 모아서 팀을 구성하겠는가? 아니면 뭐가 잘못됐는지 알아내기 위해 똑같은 관점과 경험을 지닌 같은 의학 분야의 비슷한 의사 5명을 찾아가겠는가? 우리는 '연결된 사고'의 힘을 믿기 때문에 당연히 첫 번째 경우를 선택할 것이다. 고독한 천재를 믿지는 않는다. 협력의 목적은 아이디어와 사람을, 사람과 행동을 연결하고 그러한 새로운 연결이 지속될 수 있는지 알아보기 위해 그 힘을 테스트하는 것이다. 다시 한 번 말하는데, 우리는 '연결된 사고'의 힘을 믿는다. 전략가, 기획자, 기술자, 작가, 예술 감독은 각자의 분야에서 뛰어난 사람들이지만 최상의 아이디어는 언제나 서로 다른 분야 쪽 사람들과 대화를 나눌 때 나온다. 전략가와 디자이너가 충분하게 이야기를 나누고, 작가와 기술자가 좌뇌 사고와 우뇌 사고를 교환할 때, 사상가와 행동하는 사람 모두 전체 프로젝트에 참여할 때 풍성하고 깊이 있는 아이디어가 나온다. 사람들이 각자 자기 방에 틀어박혀서 빈 공책을 들여다볼 때는 얻을 수 없는 통찰력이 협력을 통해 살아난다.

진정한 협력 vs. 보조적인 기업 구조

목표와 인센티브가 주로 개인적 성과와 경력 향상을 중심으로 돌아가거나 그렇게 해석되는 환경에서 진정한 협력이 이루어질까? 가장 지위가 높은 사람이 누가 최상의 아이디어를 가지고 있는지 결정적 발언을 하는가? 그러한 분위기에서 혁신이나 진보가 진정으로 일어날까? 이것은 상당히 민감하고 까다로운 문제다.

대행업체 세계에는 언제나 어떤 아이디어를 추구해야 하는지, 어떤 아이디어를 편집해야 하는지 결정적인 발언을 하려는 사람이 있다. 이러한 자칭 천재들은 두 유형이 있다. 최상의 유형은 자애로운 독재자와 같다. 이들은 타인의 말을 잘 듣고, 타인들을 잘 끌어들이며, 상당히 헌신적이고 충성스러운 팀을 구축한다. 이런 방식은 상당히 효과적이지만 너무 많은 것들이 지도자의 힘과 감수성에 좌우되기 때문에 효과적이지 않다. 또 다른 유형의 지도자는 언제나 결정적인 발언을 해야 하고, 자기 것이 아니면 훌륭한 아이디어가 없다고 믿는 과대망상자다. 불행하게도 이 업계에는 이런 사람이 흔하다. 좋은 소식은 대안이 있다는 것이다.

사피언트니트로에서 우리의 뿌리는 상담 회사 모델에 훨씬 더 깊이 박혀 있었다. 이 말은 우리 팀이 고객의 요구에 따라 역동적으로 만들어진다는 뜻이다. 새로운 시장에 제품을 출시하기 위해 전략을 개발하려고 했을 때는 그 프로젝트에 적합한 전문가 팀을 꾸렸다. 그 일을 끝나고 나서 각각의 전문가들은 다른 일을 맡아 완전히 다른 팀원들과 팀을 꾸리게 될 가능성이 컸다. 이와 같은 역동적인 다분야 팀 구축 활용법은 연결된 사고에 잘 들어맞는다. 오늘날 우리는 상담 방식과 홍보 대행 방식으로 일하기 때문에 이 DNA를 이용해 협력에 불을 지필 수 있고, 어떤 경우에도 과대 망상적이거나 독재적인 행동들을 무력화시킬 수 있다.

한 명만 잘나선 강팀이 될 수 없다

팀을 구성하는 것 자체가 기술이다. 컬처 레시피$^{culture recipe}$의 이러한 측면에 필요한 시간과 관심은 다른 것들과 똑같이 중요하지만 그것의 견실함은 자주 과소평가된다. 그렇기 때문에 최상의 특수 자원인 사람들과 팀을 최고 상태로 끌어올리는 것을 공유하는 문제를 기술하는 데 이 책의 한 장 전체를 할애했다. 이 장에서 제시하는 최상의 사례들은 사피언트니트로 내부 문화에 충격을 가하는 방법을 요약한 것에서 나온 것이다. 사피언트니트로는 모든 선택을 형성하고 이끌어준 여섯 가지 핵심 가치들로 시작했다. 그 여섯 가지 핵심 가치는 개방, 관계, 사람들의 성장, 리더십, 고객 중심, 창의성이다. 이 가치들 가운데 몇 개가 여러분의 조직에서 어떻게 완벽해질는지 생각해보라. 여러분의 직원들 전체가 문제를 해결하고 사람들의 삶에 영향을 가하려고 협력하는 창의적인 사람의 집단이라고 생각해보자. 무슨 일이 일어나려면 그러한 창의적인 사람들이 설계자, 관리자, 기술자라는 세 가지 중요한 역할을 해야 한다. 필요할 때는 각자가 자신의 역할을 다하지만 프로젝트가 발전해나가면 하나의 역할에 국한되어서는 안 된다. 이것을 일컬어 '아이디어 공학'이라고 한다.

설계

"모든 사람이 예술가다"라는 요셉 보이스$^{Joseph Beuys}$의 말처럼 우리는 모든 사람이 창의적이라고 믿는다. 우리 세계에서 프로젝트 관리자와 어카운트 디렉터, 소셜 미디어 중독자, 문화기술적 연구자, 기술자, 미디어 기획자, 전략가, 디자이너, 카피라이터는 각각 훌륭한 아이디어들을 실현하는 창의적인 과정에 기여한다.

그러므로 '창의적이거나 창의적으로 일하는' 것은 그다지 중요하지 않다. 우연히가 아니라 지역에서 지역으로, 사무실에서 사무실로, 팀에서 팀으로 끊임없이 창의성을 활용하는 것이 훨씬 더 중요하다. 그렇다고 해서 원대한 아이디어들을 믿지 않는다는 말은 아니다. 모든 규모와 형태의 아이디어들이 실현되지 않는다면 거의 가치가 없다고 확신할 뿐이다. 결국 인간에게 잠재력을 심어주고 세상을 바꾸는 데 쓰이는 아이디어만이 훌륭하다.

광고계 사람들은 카피라이터와 예술 감독이 건물의 다른 층에서 일하며 소통을 하지 않는 모습을 상상하기 어렵다. 우리는 아트 디렉터와 카피라이터가 자신들의 일을 새로운 방식으로 생각해보라고 서로를 격려하는 마법을 알고 있다. 이러한 변화가 일어나자 자신의 일을 간단하게 다른 누군가에게 떠넘길 수 없기 때문에 각자가 업무의 질을 높이기 위해 보다 더 헌신적으로 일하게 되었다. 오늘날 많은 '창의적인' 기업들은 매일, 매 분기마다, 서로 연결된 새로운 이 세계에서 부서를 분리하는 것이 현명하지 못하다는 사실을 아직도 인정하지 않고 있다. 많은 곳에서 기술자들은 아트 디렉터와 작가들이 떨어져서 일하는 것처럼 다른 층에서 일하고 있다. 기획자와 전략가는 전략 부서에 갇혀 있다. 사피언트니트로에서는 기술자와 창의적인 사람, 전략가가 협력해서 일하지 않는 모습을 상상할 수도 없었다. 브레인스토밍을 할 때 3명은 많은 것이 아니다. 흔히 4명이나 5명이 모이고, 6명이 모이면 더 좋다. 우리 '집단'은 가능한 것과 다음 할 일을 보여주면서 우리의 문화를 알려준다.

물론 운 좋은 사건들이 때때로 일어나고, 기존의 아이디어를 점진적으로 수정하기도 한다. 하지만 비약적인 발전은 대부분 해결해야 할 어떤 위협과 장애물, 혹은 문제에 대처할 때 이루어진다. 최상의 해결책들은 적절한 질문들을 던질 때 나온다. 이것은 흔히 '아이의 지혜$^{wisdom of babes}$'라고 하는데, 이러한 지혜를 얻으면 가설에 의문을 가지고 세계를 보다 더 주의 깊게 지켜보게 된다. 그래서 꿈을 버리는 것이 아니라 사용설명서를 다시 쓰고, 새로운 광고 캠페인을 찾고 있다고 생각할 때는 포장을 다시 디자인하게 된다. 지난해 이맘때에 단체 메일을 보냈다면 전국 버스 투어를 시작하게 된다.

> "제대로 작동하는 게 없었어요. 그러다가 부적절한 형태를 시험해보자는 생각이 들었죠. 그러자 그게 제대로 작동했어요."
>
> – 제임스 다이슨(James Dyson)

진공청소기가 너무 많은 것을 빨아들여서 제임스 다이슨은 새로운 것을 발명하고 싶었다. 그가 '부적절한' 일을 시도해서 성공하기까지 15년이 걸렸고, 실패한 시제품이 정확하게 5,126개에 달했다. 그러다가 당연하다고 여기는 기존의 규칙들을 버리자마자 다이슨은 마침내 더 나은 진공청소기를 발명했다. 다이슨은 이렇게 말했다. "처음에는 전통적인 형태의 싸이클론 집진 장치를 시도했죠. 하지만 그러한 집진 장치로는 양탄자 보풀과 개털, 면 가닥을 분리할 수 없었어요. 전 모든 형태를 다 시험해봤죠. 하지만 제대로 작동하는 게 없었어요. 그러다가 부적절한 형태, 그러니까 (전통적인) 원뿔형과 정반대 형태를 시험해보자는 생각이 들었죠. 그러자 그게 제대로 작동했어요." 다이슨의 전략적 접근법이 어떻게 성공을 거두었을까? 그의 '부적절한 생각'이 어찌나 큰 효과를 발휘했던지 업계 거물들은 그의 새로운 디자인에 움찔하며 그의 발명품을 구매하지 않았다. 결국 다이슨은 혼자 할 수밖에 없었는데 1,500만 개가 넘는 제품을 판매해 놀라운 성공을 거두었다. 오늘날 몇몇 제품은 2,000달러에 판매되고 있다.

> "때때로 질문이 복잡해도 그 답은 간단하다."
> – 닥터 수스(Dr. Seuss)

성공은 질문하는 사람의 것이다. 사업에서 모든 것에 질문을 던져야 할 필요성은 '만약' 유형의 사람들과 '어떻게' 유형의 사람들, '왜' 유형의 사람들이 존재하는 이유이다. 이들은 진짜 문제가 해결됐는지 확인하려고 한다. 적절한 질문들을 던지느냐 여부가 철도 산업에서 비디오 대여 산업에 이르기까지 모든 산업을 바꿔놓았다. 비디오 대여 사업을 시작했던 회사들이 애초에 인터넷에 투자하고 자기 회원들이 공급량이 제한된 매장까지 가지 않고도 DVD를 구할 수 있게 해주었더라면 어떻게 됐을까? 철도 산업이 사실상 교통 산업에 속한다는 사실을 인정하고 항공 사업에 투자해 자사의 제공물을 늘려나갔다면 어떠했을까? 적절한 질문을 던지는 행위 이면의 힘은 우리 자신과 우리의 고객들에게 적절한 길을 보여준다.

관리

창의성은 관리와 상상력이 동등하게 필요한, 연약하고 변덕스러운 협력 여행이다. 관리의 역할을 절대 과소평가해서는 안 된다. 미켈란젤로 Michelangelo에게는 교황이 있었고, 빈센트 반 고흐 Vincent van Gogh에게는 동생 테오가 있었다. 마이클 조던 Michael Jordan에게는 누구에게 묻느냐에 따라서 필 잭슨 Phil Jackson이나 나이키가 있었다. 가장 헌신적인 관리자들은 요구 이면의 진짜 목표를 알아내고, 이해관계자들을 끌어들이며, 모든 사람들이 참여하고 협동하게 만든다. 이들은 초기 아이디어들이 완전히 무르익을 수 있게 필요한 시간과 공간, 자양분을 제공해 그러한 아이디어들을 보호한다. 또한 아이디어가 핵심 문제를 해결하는 방식을 이해하고, 가능한 최상의 해결책을 대변한다. 시종일관하는 주인 정신은 기업 내의 모든 사람들을 책임지는 것이며, 성공적인 해결책에 이르는 전제 조건이다.

기술

우리는 숙련된 기술의 힘에 찬사를 보낸다. 우리의 이러한 접근 방식은 기업들이 따라하기 힘든 방식이다. 기술자와 프로그래머, 유용성 전문가, 미디어 전문가는 가장 혁신적인 해결책들을 제시함으로써 주도적으로 임무를 수행한다. 아무리 훌륭한 아이디어라도 빛을 보지 못한다면 허탕일 뿐이다. 실력 있는 기술자는 다른 이해관계자들과 협력해서 훌륭한 아이디어를 완벽하게 실행한다. 이들은 또한 서로 모여서 기술에 열정적인 사람들로 구성된 팀을 이룬다. 뿐만 아니라 문제를 해결하고 테스트를 해서 모든 제품의 최종 수요자의 하루 또는 인생을 바꿔놓는 경험을 할 수 있도록 만든다.

설계자, 관리자, 기술자라는 중요한 세 가지 역할은 모든 사람들의 일하는 방식에서 드러난다. 이러한 요소들의 결합은 아이디어를 깨닫는 기반이며, 스토리스케이핑의 핵심이다.

기술이 숨을 앗아갈 정도로 빠르게 우리의 모든 생활을 바꿔놓고 있기 때문에 이 위대한 시대에는 창의성이 필수적이다. 기업 소유자와 의사결정자, 게임의 판도를 바꿔놓는 우리 같은 사람들은 스릴 넘치는 일상적 변화의 중심에 있다. 다행스럽게도 그토록 빠른 변화 속에서도 창의성을 지향하고 거기에 매료되는 인간의 성향은 누그러지지 않았다. 실제로는 더 강해졌다. 그러므로 창조의 정신뿐만 아니라 해결의 정신을 가지는 것이 중요하다.

과거에 캐럴 셸비Carrol Shelby와 그의 캘리포니아 고성능 자동차 엔지니어 팀은 (헨리 포드$^{Henry Ford}$의 후원을 받아) 그들의 자동차 코브라^{Cobra}를 수공 제작했을 때, 서로를 돕는 '참호정신$^{foxhole\ mentality}$'과 할 수 있다는 도전 정신을 보여주었다. 전성기에는 페라리에 도전해서 승리함으로써 레이싱 세계를 뒤흔들어놓았다. 헨리 포드라는 관리자와 셸비 팀의 설계사들과 기술자들이 있었기 때문이다. 그것은 해결 방안을 얻기 위해 적용한 창의성의 결합이었다. 셸비의 팀과 그들의 정신, 그들의 혼은 아이디어 공학이 사피언트니트로에서 무엇을 의미하는지는 보여주는 사례다. 우리는 그들이 한 것처럼 잘 알려진 브랜드나 50년 역사가 없어도 진보를 가속화하고 선두 자리를 빼앗을 수 있음을 증명해보임으로써 기업을 운영하고 있다. 헌신적이고 다양한 팀과 약간의 독창력, 엔진 한 두 개가 눈앞에서 폭발했을 때 재정비하고자 하는 의지가 필요하다. 우리는 아이디어를 실행해 세계에 영향을 가하고자 하는 정신을 갖기 위해서 훌륭한 차세대 조직화 아이디어와 원대한 차세대 해결책, 영감을 주는 차세대 스토리, 가장 확실하게는 차세대 몰입 경험 세계를 창조하려고 애쓴다. 뿐만 아니라 그 모든 것을 능가하려고 노력한다.

문화와 창의성에 관한 우리의 접근법을 통해서 여러분이 조직 내에서 스토리스케이핑에 부여할 수 있는 힘을 생각해보기 바란다. 스토리스케이핑을 효과적으로 이끌어내는 데 필요한 기능적 모델이 공유 목적에 크게 의지하고 다양한 기술과 관점을 수용한다는 사실을 경험을 통해 알게 된다는 점을 명심해야 한다. 여러분의 문화에 충격을 가할 준비가 되었는가?

책을 마무리하면서 우리의 스토리스케이핑 여행을 되돌아보겠다. 이 책은 스토리가 세계의 운영 원리와 맥락을 이해하는 데 도움이 된다고 강조하면서 스토리의 가치와 스토리를 이용해 우리 삶의 의미를 창출하는 방법을 설명하면서 시작되었다. 이어서 '경험'이라는 무명의 영웅을 탐구했고, 스토리와 경험을 결합하는 가치를 강조했다. 그 다음에는 스토리스케이핑 모델을 소개했고, 브랜드와 소비자의 많은 측면들을 상세하게 조사했다. 조직화 아이디어와 경험 공간, 시스템 사고, 스토리 시스템을 정의하고 설명했다. 이제 여러분의 마케팅 팀은 그것들을 팀의 일부로 받아들일 수 있다. 마지막으로 조직 문화의 베일을 걷어 올려서 스토리스케이핑에 불을 지피는 협동과 연결된 사고를 소개했다.

이 여행을 통해서 여러분이 우리 모두가 살고 있는 새로운 세계에 적합한 새로운 사업 방식을 그려낼 수 있기를 바란다. 이 책에서 소개한 많은 생각과 정보가 불꽃을 일으켜 여러분의 잠재력(브랜드와 기업)이 지금껏 상상하지 못한 수준까지 성장하고 발전할 것이라고 확신한다. 무엇보다 이 스토리가 여러분의 스토리가 되기를 기대해본다.

지은이

대런 매콜 Darren McColl

디지털 마케팅 컨설팅을 주로 수행하는 글로벌 광고 에이전시 사피엔트니트로의 글로벌 브랜드 수석 전략 가이다. 그곳에서 세계 최고 브랜드들과 협력해서 소비자들이 몰입할 수 있는 스토리와 경험 세계를 창조 해내고 있다. 그는 버진과 맥도널드, 네슬레, 버거킹, 서브웨이, 풋락커, ESPN, 볼보, 크라이슬러, 코카 콜라와 같은 글로벌 브랜드들에게 통찰력과 영감이 넘치는 전략적 도구를 제공하고 있다. 에피(Effies)와 뉴욕페스티벌, 클리오, D&AD 등에서 많은 상을 받았고, 칸 국제광고제에서도 그랑프리를 세 번이나 수 상했다.

개스턴 레고부루 Gaston Legorburu

디지털 마케팅 컨설팅을 주로 수행하는 글로벌 광고 에이전시 사피엔트니트로의 크리에이티브 최고 책임 자이다. 애드위크(Adweek)에서 선정한 '영향력 있는 광고인 50'에 선정되었으며, 특히 광고회사의 새로 운 비즈니스모델을 제시하며 게임의 판도를 바꾸는 사람으로 인정받고 있다. 무엇보다도 전략적이고 창의 적인 비전을 기반으로 고객사들에게 마케팅 문제를 해결할 진보적인 통찰력을 제공하고 있다. D&AD와 칸 국제광고제, 원쇼, 웨비 같은 유명한 광고제에서 심사위원으로 활동중이다.

옮긴이

박재현 한국브랜드마케팅연구소 대표

25년 넘게 경쟁이 치열한 마케팅업계에서 성공적인 브랜드 마케팅을 수행하기 위한 핵심 전략을 세우고, 그 전략을 가장 효과적으로 전달할 수 있는 최적의 브랜드를 만들어내고 있는 국내의 대표적인 브랜드 전문가이다. LG에어컨 휘센, SK엔진오일 ZIC, 청정원 카레여왕, 일동후디스분유 트루맘, CJ디저트 쁘띠첼, 한국야쿠르트의 커피전문점 코코브루니 등 국내 유수의 신제품명 브랜딩 프로젝트와 NHN(네이버), SK이노베이션, AhnLab(안철수연구소) 등의 신사명 브랜딩 프로젝트를 성공적으로 수행한 바 있다. 그리고 표준협회, 한국생산성본부, 한국광고연구원, 산업정책연구원(IPS), 유통교육원, 고려대, 연세대, 이화여대, 경희대 및 다수의 기업 인재교육원 등에서 브랜드 마케팅 강의를 진행했다. 현재 한국브랜드마케팅연구소 대표이며, ㈜브랜딩컴 공동대표, 그리고 국내 핵심기업에 꼭 필요한 브랜드 전문인력(마케터, 매니저)을 양성해내고 있는 연세대학교 브랜드전문가과정을 2002년부터 계속 운영 중이다.